POÉSIES.

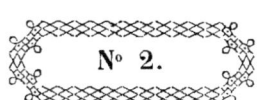

N° 2.

Tous les exemplaires ont été numérotés à la presse.

Papier fin 130
—— vélin d'Angoulême..... 20
EXEMPLAIRES DE LUXE.
Papier fort d'Angoulême 8
—— vélin rose 4
—— vélin jaune serin 2
—— Bristol.............. 6

POÉSIES
POSTHUMES

DE

DÉSIRÉ TRICOT,

DE VALENCIENNES.

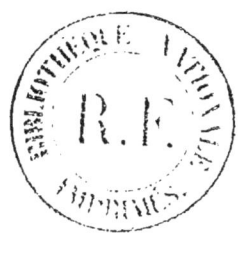
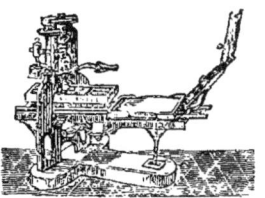

VALENCIENNES.

IMPRIMERIE ET LITHOGRAPHIE DE B. HENRY.

1851.

NOTICE.

> Le ciel, pour nous punir de nos talents mal employés, nous donne le repentir de nos succès.
>
> CHATEAUBRIAND. *Mém. d'outre-tombe.*

NOTICE.

>   Quis memor erit tui post mortem ?
>   *Imit.* liv. 1, ch. 23.

Dépositaire des dernières poésies de Désiré Tricot, confident de ses derniers vœux, nous croyons accomplir un devoir en publiant les fantaisies et même les avortements de son imagination. A ceux qui seraient tentés de nous reprocher cette trop complète édition de ses œuvres, nous devons quelques mots d'explication, sinon d'excuses.

Emporté par de fougueuses passions jusqu'aux derniers

degrés de la débauche, le cerveau enfiévré par une ivresse presque continuelle, Tricot en proie aux tristes séductions de l'orgie et au délire d'un talent qui surnageait malgré tout, abusa trop souvent des dons que le ciel lui avait confiés ; la *Furie* de sa jeunesse le précipita dans bien des abîmes, il se vautra dans bien des fanges, et cependant, du sein de cette obscure et malsaine atmosphère où se dégradait son esprit, s'échappèrent parfois encore des étincelles qui traversaient la cendre de son cœur et trahissaient les derniers vestiges du feu sacré qui avaient illuminé ses premiers chants. Parmi ceux que nous publions aujourd'hui, il en est dont le funeste éclat nous attriste et que nous aurions pu, que nous aurions dû peut-être ensevelir dans l'oubli ; le poète, à sa dernière heure nous en avait donné le droit, et cependant nous n'en retrancherons rien ; nous ferons connaître l'œuvre entière, avec ses qualités et les excès de ses défauts. Nous ne la répandrons pas dans le commerce, mais, par respect pour les droits de sa ville natale et pour la légitime curiosité des bibliophiles, nous ne la mutilerons pas.

Fils d'un forgeron, Tricot, dédaignant les rudes travaux de son père, entra au collége, où il révéla de bonne heure cette imagination ardente qui fut, toute sa vie, son ennemie la plus charmante et la plus acharnée. Les tranquilles exigences de l'éducation de collége lui paraissant trop sévères, il les secoua et, par une inconséquence dont se rendent coupables toutes les folles têtes de jeunes gens révoltés, il alla chercher une discipline plus impitoyable dans un régiment de dragons. A peine y fut-il soumis, qu'il chercha les moyens de s'y soustraire ; il réussit, je ne sais comment, à jeter aux orties les galons que, malgré ses fréquents écarts, il avait su gagner. Il était libre ! mais la liberté, pour lui, c'était la licence, la licence avec tous ses désordres. Dans sa joie de ne plus obéir, il ne s'aperçut pas qu'il se laissait asservir par les passions les plus impérieuses et qu'il s'enchaînait au vice. Bientôt déshabitué par l'orgie des idées élevées qu'il avait retenues de ses jours d'études, corrompu et amolli par les voluptés de garnison qu'il recherchait encore avec rage et dans lesquelles il se plongeait sans entraves depuis qu'il avait recouvré, triste conquête ! sa fatale liberté, notre pauvre poète, Bohème déguenillé de la littérature, se sentit presque avec joie, faut-il le dire, condamné à toujours aux mortels loisirs de la paresse.

Sans énergie pour lutter contre la tyrannie de ses habitudes, il laissa sombrer son âme, et la houle du malheur jeta, un jour, comme une épave aux portes de l'hôpital, sa dépouille fatiguée, sauvée des abîmes de la misère secrète, pour tomber aux mains béantes de la mort dans un asile public. C'est là, dans le silence forcé de ses passions, qu'il entendit encore au fond de sa pauvre âme échouée, comme un timide murmure, les inspirations de sa muse longtemps oubliée, et qu'il écrivit ses dernières poésies, rares et débiles reflets de sa brillante intelligence, lueurs suprêmes de sa verve assoupie.

Comme tous les poètes, il fut la proie sonore de toutes les influences ; suivant les phases de sa longue agonie, il écrivit tantôt des vers empreints d'une religieuse résignation, et tantôt des chants de défi, où il s'efforçait de railler la mort, comme il avait nargué le malheur.

Il faut lire courageusement jusqu'au bout ce recueil où se trouvent jetées pêle-mêle les rebutantes peintures d'un grossier *pantagruélisme* et les fraîches poésies inspirées par les salutaires tristesses de la solitude. On apprend ainsi à mieux connaître ce caractère fougueux et variable qu'on jugerait mal, si l'on se bornait à la lecture des égarements rimés qu'il commettait lorsque, obéissant à une sorte d'effervescence animale et aux entraînements de sa volcanique imagination, il insultait, par son style débraillé et le dévergondage éhonté de sa pensée, aux préceptes de l'art poétique et aux lois plus sacrées de la morale. — TRICOT était ambitieux d'originalité, il affectait les témérités du langage pour traduire l'effronterie

étudiée de ses idées ; *Diogène* sans mœurs, il cherchait
ses défauts avec une lanterne, pour en faire un fastueux
et cynique étalage devant cette société dont il s'était
volontairement banni et contre laquelle son incurable
misère insurgeait son cœur et déchaînait les malédic-
tions de son esprit. Sa raison, aux prises avec les remords qui parfois traversaient sa dégradation et éveil-
laient en lui le regret de sa déchéance, se laissait facilement envahir par la colère, et, dans son aveuglement,
le pauvre invalide de l'oisiveté devenait hargneux, presque méchant, pour reprocher au monde les dures
épreuves de sa vie et les humiliations de son isolement.
Mais, hâtons-nous de le dire, ce n'était là qu'un délire
passager, intermittent comme la fièvre : un bienfait sur-
venait, et sa colère, subitement éteinte, n'avait pas de
rancune. Satisfait du bien présent, insoucieux du lendemain, qu'il n'entrevoyait habituellement que comme
un lointain avenir, il se *tourneboulait,* comme dit *Montaigne*, pour se replonger paresseusement dans le men-
songe des rêves, et, jouet incorrigible de ses illusions
tant de fois déçues, il se drappait, pour jouir, dans les
lambeaux de ses espérances, attendant tout des com-
plaisances du hasard et de l'oublieuse mémoire de l'a-
mitié. — Sa reconnaissance, au reste, était expansive
et sans bornes ; elle ne se pliait point aux honteuses et
ingrates réticences de l'amour-propre ; il savait, qualité
rare ! remercier avec effusion, avec largesse ceux dont

la main avait serré la sienne en y laissant discrètement un secours, et les premiers, les meilleurs élans de son cœur lui dictaient alors des actions de grâces dont aucun obstacle, ni le respect humain, ni les divergences d'opinions, ni les reproches de banalité, n'altérait l'expression.

Sa conduite obéissait aux contre-coups de ses bonnes et de ses mauvaises fortunes ; dans les courts instants dérobés à la fange, les bons sentiments enfouis dans son cœur se dilataient rapidement ; il se souvenait alors, pour les maudire, des tristes voluptés de la veille, et pour racheter les souillures de son âme, ce *Gargantua* du superflu était heureux de soulager, même au prix du nécessaire, les misères et les infortunes qu'il coudoyait chaque jour. Il donna plus d'une fois son unique habit au malheureux ouvrier dont les haillons protégeaient mal la poitrine attaquée, oubliant, dans sa sublime imprévoyance, que l'hiver n'avait pas encore dépouillé toutes ses rigueurs pour lui, et qu'il serait le lendemain peut-être victime de sa charité ; après quoi il retombait dans l'ornière, car il n'avait que de fugitifs accès de vertu. La persévérance n'est facile qu'aux hommes déjà habitués au bien ; elle lui était inconnue. Sa nature effrénée ne se plaisait qu'aux extrêmes ; il était vertueux, comme *Beaumarchais* était amoureux, *par folles bouffées*. Ses résolutions n'étaient que des impressions irréfléchies, et, bonnes ou mauvaises, elles étaient accomplies aussitôt que nées : de là ces contrastes si étranges de sa vie obstinément paresseuse ; de là ces fréquentes récidives et cette existence indescriptible où prédomine cependant le culte de l'oisiveté et une sorte de dévotion à la débauche ; de là enfin ces disparates d'idées et de style qui font de ses œuvres une mosaïque bizarre de taches et de beautés. Sa poésie jaillit toujours d'une source abondante, mais elle est inégale, indomptée, rude, brutale même ; elle s'emporte parfois jusqu'aux saturnales de l'expression, et revient subitement à une sorte de délicatesse relevée d'érudition qu'on pourrait appeler le repentir de sa muse, et qui charme le lecteur que le dégoût commençait à gagner.

C'est en parlant de TRICOT qu'il est vrai surtout de dire : le style c'est l'homme.

Nous avons, en quelques lignes, tracé, du poète Valenciennois, un portrait d'une grande sévérité ; mais, en faisant précéder ce volume d'une confession qu'il regrettait de n'avoir pas le temps de faire lui-même, nous obéissons aux vœux sacrés de son agonie. Si nous n'avons pas craint d'avouer la vérité sur cette existence pleine de fautes et de châtiments, c'est que cet aveu commande l'indulgence et que personne n'ignore combien sa mort fut douloureuse et chargée d'amertumes. Les suprêmes pensées si pures dont il a salué l'aurore du jour éternel, ses adieux si touchants à la vie qu'il avait follement, honteusement gaspillée, ses regrets si poignants et si franchement exprimés, le spectacle émouvant de sa fin chrétienne, lui ont, d'ailleurs, mérité le pardon des plus rigides. Il avait tout expié avant de mourir, car la douleur est un feu qui purifie.

Didiez.

15 janvier 1851.

PRÉFACE.

Sous la modestie du titre de ce livre se cache un immense orgueil ; l'auteur aurait pu l'intituler, sans trop d'humilité : Une boutique de bric-à-brac. *En effet, qu'y trouvera le lecteur, si tant est que ces rapsodies en trouvent un seul ? De vieux oripeaux de charlatan, délabrés, fanés, usés jusqu'à la corde ; une olla-podrida de fanfreluches râpées, à l'usage des saltimbanques, aux couleurs* déteintes, au clinquant dédoré, aux paillettes éraillées, aux franges dégénérées en graisseuse filasse.

Mon Dieu! oui, je le dis à ma honte, voilà tout ce que j'offre au doux Sultan, le public, et je sens si bien mon impuissance à lui donner de la bonne, de la vraie, de la fraîche poésie, que j'élabore, en ce moment, une œuvre de sérieuse érudition, un volume gros de patientes recherches, qui pourra, j'ose l'espérer, me caparaçonner, un jour, des palmes vertes illustrées par Ampère, Monge, Berthollet, etc., etc.

Je serai savant ne pouvant être poète. . . . .

Qui sait? cet ouvrage va me poser peut-être en homme sérieux, me faire admettre parmi les gens de bon sens et d'un esprit positif, et me mener à la fortune... s'il trouve toutefois un éditeur... Quant à des lecteurs, on sait qu'un livre savant n'en a pas besoin. Un livre savant s'achète mais ne se lit pas; la vanité de la plupart des hommes veut paraître savoir, mais ne tient pas le moins du monde à savoir réellement.

Cette merveille scientifique s'intitulera « Palingénésie cunéiforme des cryptogames. » Je me flatte que feu Cuvier en tressaillira de jalousie dans sa tombe et que le docteur Flourens (encore vivant quoique de l'Institut), frémira de voir ses fameuses expériences sur les canards *et les lapins enfoncées par mes miraculeuses découvertes sur un sujet si ténébreusement scabreux !*

Aristote, les deux Pline, Hypocrate, Galien, Cabanis, les mires arabes, les médecins espagnols, les Turcs, les Grecs, les Juifs, Cagliostro, Linnœus (pour ne pas dire Linnée), Buffon, Cuvier, Lacépède, les Anciens, les Modernes, les Orientaux, les Occidentaux, j'ai tout compulsé.... et du résultat de ces investigations va surgir une lumière éclatante dans un chaos que j'aurai la gloire éternelle d'avoir débrouillé le premier !

En attendant que je me sois installé dans ce prodigieux monument d'une renommée aux bases larges et solides, que le public me pardonne de l'occuper un instant du frêle château de cartes ici présent, que d'un souffle il peut abattre et disperser.

Qu'est-ce que ce recueil? Outre ma précédente appréciation à son endroit, c'est comme une couvée de sentiments, d'idées et d'opinions; œufs éclos, les uns au déclin de la Monarchie, les autres à l'aube de la République. J'ai pour tous, comme la bonne couveuse, une tendresse égale; tendresse d'amour-propre, d'égoïsme, il n'importe. Or, pour quitter la métaphore, j'ai laissé subsister intégralement mes premières productions à côté de leurs cadettes; je n'ai même pas cru devoir en biffer, je ne dis pas le nom, mais le titre de quelques personnes que j'ai trouvées toujours bien intentionnées pour moi.

Démocrate et socialiste de sentiment, de conviction et par position, avant comme après 1848, comme on le verra dans ce recueil, j'ai toujours, cependant, détesté l'absolutisme dans les principes littéraires et politiques, le considérant, en politique aussi bien qu'en littérature, comme l'absurdité la plus grosse de bévues, de mécomptes et de reculades.

Je crois fermement qu'on peut être républicain zélé, socialiste ardent et dévoué sans être infidèle à une vieille amitié, à une vieille reconnaissance ; je crois, en toute sérénité de conscience, ne pas être blâmable en laissant inscrit dans mon livre le nom du baron de La Torre et celui du citoyen Désiré Pilette, qui cherchèrent tous les deux à m'être utiles, et que j'ai remerciés de leur bonne volonté avant que je pusse prévoir que la République ôterait à l'un son titre et investirait l'autre d'une magistrature omnipotente.

S'il est des démocrates dont la rigidité voudrait que ma reconnaissance eût subi les variations du thermomètre politique, je ne puis être de leur bord, car, faut-il l'avouer? mon cœur se donne d'instinct et par entraînement sans jamais avoir besoin d'être convaincu.

Malgré cette mollesse de cœur, je suis loin de me croire moins républicain qu'ils se vantent de l'être, et à leurs reproches j'opposerai ces deux vers de Corneille :

> . . *Je rends grâce à Dieu de n'être pas romain*
> *Pour conserver encor quelque chose d'humain.*

Est-ce assez ? N'est-ce pas trop à propos de futilités rimées ? et ne dira-t-on pas : Que de niaiseries dans une préface !

PROLOGUE.

La scène se passe dans une salle de l'Hôtel-Dieu, à Paris.

PERSONNAGES :

Un MORIBOND, acteur parlant.
Moi, acteur muet.

LE MORIBOND.

M. Alexandre Dumas répondait, ces mois derniers, à ma prétention d'allier un emploi lucratif à la culture de la poésie : « La Muse est une amante jalouse ; elle veut qu'on soit tout à elle, rien à d'autres affections. Elle est chiche de ses faveurs (style rococo) envers ceux qu'elle soupçonne de ne lui accorder qu'un amour secondaire. » M. Barthelemy, à qui je me plaignais des jours misérables que je devais à la poésie, me parlait en ces termes : « Vous êtes sur la route de la véritable poésie ; ne vous arrêtez pas à mi-chemin. La nature ébauche tous les jours des poètes, mais il faut que la souffrance les achève. De quoi vous plaignez-vous ? D'avoir eu faim, d'avoir eu soif, d'avoir eu froid ? Mais vous seriez un poète incomplet s'il en était autrement. La souffrance est l'aiguillon du poète ; sans elle la poésie n'est qu'une lettre morte. Vous avez, en la souffrance, une étoile ; ayez confiance en elle ; obscure jusqu'aujourd'hui, demain vous l'apercevrez brillante ; *stude et spera.* »

Et voilà, mon pauvre confrère ! comment il se fait que, d'espérance en déception, de déception en misère, je suis venu tomber sur ce grabat numéroté de l'Hôtel-Dieu, pour, de là, tomber encore plus bas dans :

« Ce grand néant qui doit nous engloutir. »
Voltaire.

A toute force, je crois que j'aurais pu faire :

Un publiciste.
Un notaire philanthrope.
Un médecin.
Un agent matrimonial.

Un avoué.
Un électeur du système.
Un député.
Un ministre.
Un marchand d'orviétan.
Un banqueroutier.
Un boucher.
Un maquignon.
Un tondeur de chiens.
Un épicier.
Un donneur d'eau-benite.
Un acrobate.

Toutes professions grassement rétribuées et grandement honorées ! Mais voilà le diable ! Je n'ai jamais pu me décider à faire de ma jeunesse un placement usuraire au profit de mes vieux jours ; des facultés que le sort m'a départies, des leurres à prendre des niais. Maladroit ! voilà pourquoi je n'ai jamais été pourvu : d'un habit neuf ni d'une position sociale ; d'honneurs ni de bottes vernies ; d'un chapeau-Gibus ni de l'exercice d'un seul droit politique ; de la considération publique ni du moindre petit million.

J'étais comtemplateur et rêveur, on m'a traité de paresseux et de fou ; désintéressé, de niais ; naïf, affectueux, bienfaisant, de stupide, d'obséquieux, de prodigue ; enthousiaste, de maniaque, de cerveau brûlé ! Mes courses à la recherche du beau idéal passèrent pour les folles échappées d'un caractère sans consistance, pour les aberrations d'un illuminé...

Peu-à-peu, je me vis enveloppé dans un décri général, aboyé d'un haro universel... Le succès m'aurait bien absous ; mais le succès me manqua et avec lui s'évanouit jusqu'à l'amitié, je ne dirai pas des étrangers, mais de ceux qui m'étaient les plus proches et les plus chers. Je tombai si bas qu'aujourd'hui le plus mince aigrefin, le plus stupide boutiquier, le cuistre le plus crasseux, un fripier, un décrotteur, que sais-je ? trouvez plus bas encore ! tout ce monde plus ou moins stupide, plat, envieux, déshonoré, fangeux, me précipite en des gémonies plus infectes encore que celles au fond desquelles il grouille lui-même ;

Et cela n'a rien qui doive étonner !

   Quand un rimailleur de ma sorte
   Hélas ! tombe dans le pétrin,
   On lui suppose une cohorte
   De mille passions sans frein :
   C'est un joueur, c'est un ivrogne,
   Un goinfre, un paillard sans vergogne !
   Il gèle, il a soif, il a faim....
   C'est bien fait ! voilà le refrain
   Dont, pour consoler sa disgrâce,
   Un chacun lui jette à la face !
   Celui qu'un sort malencontreux
   Couche grelottant sur la paille
   Est un insigne rien-qui-vaille.
   Un syphilitique, un lépreux

Qu'on abandonne à la huaille
Des gamins, comme un chien galeux...

Hélas ! il est vrai, le poète,
De l'avenir insoucieux,
S'embourbe par sa faute, et prête
Au propos des malicieux !
C'est un faible enfant qui trébuche
Au moindre choc, au premier pas ;
Un étourneau que toute embûche
Est bonne à prendre entre ses lacs....
C'est un cerveau brûlé qui rêve,
Dans un lit veuf de tout rideau,
Qu'il est dans un Eldorado,
Au bord d'un lac bleu dont la grève
A pour galets des diamants ;
Dans un séjour d'enchantements,
Où son œil caresse en extase
De frais appas que rien ne gaze ;
Dans un palais tout de corail
Où péris, ondines et fées.
D'étoiles d'or au front coiffées,
Devant lui, sultan du sérail,
De haine jalouse étouffées,
Viennent solliciter l'honneur
De coucher avec monseigneur !

Fût-il, ainsi que Job, le more,
Cocu, ruiné, v.....
A l'ombre d'un frais sycomore
Il s'imagine être étalé,
Egratignant une mandore
Et savourant un narghilé !

Oh ! si j'avais à entrer dans la vie, dépouillé comme

à ce quart-d'heure difficile où j'en sors ! de toutes mes candides croyances, de toutes mes naïves illusions, de toutes mes délicatesses d'esprit et de cœur, de toutes les inspirations de mon âme vers le beau, l'honnête, le pur, le sublime, oh ! que je me vengerais de cette société saturée d'orgueil, d'égoïsme et de corruption, en lui prouvant qu'un quart des facultés dont j'ai été doté aurait suffi pour me placer à son point culminant ! Comme je pèserais sur elle de toute la hauteur de mon mépris ! Comme je lui cracherais au visage les vices hideux de sa décrépitude !

<pre>
            Société ! toi qui mets à ton ban
            Le maladroit, le voleur, le forban,
            Société ! qui charges les galères
            De malheureux et d'obscurs scélérats,
            Quoi ! tu n'as point de haines, de colères,
            Pour les cœurs durs, les traîtres, les ingrats ?

            L'or, à tes yeux rachette l'infâmie....
            Qu'il ait de l'or, l'ange même du mal
            Est sûr en toi de trouver une amie,
            Sûr d'un sourire agaçant et vénal ;
            Qu'il ait de l'or, ô proxénète infâme !
            Et bien que lâche, égoïste, et sans âme,
            Sur tes flancs nus et sur ton sein banal,
            Tout saturé d'impudiques ivresses,
            En ricanant, le génie infernal
            Va s'endormir bercé par tes caresses,
            Société complice ! qui lui dresses
            Un lupanar au lieu d'un tribunal !!...
            . . . .
</pre>

Ici quelques hoquets de mauvais augure interrompent le pauvre diable qui reprend cependant au bout de quelques minutes :

Dieu lui-même, mon ami, me semble le complice des méchants vermisseaux d'ici-bas. Il m'appelle à lui, (locution du curé qui me quitte), au moment précis où je cesse de croire à sa divinité..... Que ne m'a-t-il pris lorsque j'avais encore ma belle robe blanche de chrétien et de poète? Lorsqu'avec les regards de mon âme je l'apercevais dans sa gloire entouré de sa milice céleste?...

Bath ! Dieu ! C'est peut-être le mot de Brutus sur la vertu... C'est pis, s'il existe, car pouvant faire de moi un de ses anges, il me damne de propos délibéré, après m'avoir abruti, comme un plat tyran, par toutes sortes de vexations sans motifs !

Si vous me survivez, ce qui est probable, ô mon ami ! puisque je vois la salle faire *une multitude de valses et de rondes* autour de moi, si vous me survivez, et qu'on ne me traite pas comme un de ces chiffres mobiles de nos grabats, *id est* qu'on ne m'enterre pas, jambe deci jambe delà ; le cœur dans un bocal, la cervelle dans un autre (car mon cadavre non réclamé appartient tout entier aux carabins, comme les corps vendus des bohémiens de Béranger), si quelques *amis inconnus* m'arrachent, sinon vivant du moins mort, à la rapacité du scalpel anatomique, faites qu'on inscrive sur ma fosse cette épitaphe qui résume tout ce que la vie m'a appris de Dieu et de l'être qu'il m'a prêté pour si peu de temps :

> Va-t-on là bas, va-t-on là haut?
> La science ici fait défaut;
> Mais, quoi qu'il en soit, peu m'importe!
> Tranquille j'attends en ce lieu
> Que le Diable ou que le bon Dieu
> M'emporte! ... »

Ainsi me parlait ce pauvre agonisant, dans le délire de la fièvre, avec une volubilité qui ne laissait place à aucune observation de ma part. Il mourut quelques heures après cette diatribe contre Dieu et la société, qui me laissa tout penaud et tout consterné.

Le lecteur a deviné que ce triste hère n'était autre qu'un de ces parias victimes d'une passion désordonnée pour la poésie, heureux encore de n'avoir point perdu une dernière illusion, celle d'être enterré intégralement ; désillusionné de tout hormis de ce qui l'attendait ; car il mourut sans les adieux sympathiques de sa famille et de ses amis sur lesquels il avait la bonhomie de compter! il mourut, mais tellement obscur et indifférent à tous, qu'on ne racheta pas même son cadavre à l'hôpital qui l'écharpa bel et bien dans l'intérêt des progrès de l'anatomie, n'ayant que moi pour lui fermer les yeux et un infirmier pour le traîner par les pieds à l'amphithéâtre ! . . . .

Une telle mort aurait dû, n'est-ce pas, lecteur! me guérir du *scribendi cacoethes*. Pourquoi n'en est-il pas ainsi ? Peut-être par les raisons que donnaient à cet infortuné MM. Alex. Dumas et Barthelemy, peut-être parce que :

. . . . . . *quos vult perdere dementat Jupiter*.
Horace.

Peut-être encore parce que, moi poète, c'est-à-dire d'une espèce aussi inutile à l'Etat que celle des joueurs de billard, j'ai la prétention ou je me rends la justice de m'estimer au-dessous de toutes les professions lucratives et honnêtes de l'honorable société actuelle . . . .

Qu'on ne me reproche point le cynisme de quelques expressions bien naturelles dans la bouche d'un fiévreux qu'une mort hideuse talonnait après une vie si amère et si sombre ; j'ai dû rapporter fidèlement ce que les anciens appelaient *extrema verba*, les paroles inspirées d'un mourant.

Je me propose, d'ailleurs, du moment que j'aurai mis en ordre la liasse énorme de papiers que j'ai trouvée entre son matelas et sa paillasse, et dès que j'aurai découvert, la graine en est rare ! un éditeur bénévole et désintéressé, de publier les œuvres émondées de ce nouveau Gilbert, à qui Dieu fasse paix et miséricorde !

POÉSIES.

> Des défauts ! des défauts ! il n'y
> a que cela de naturel.
> ***

LES ÉPINGLES DE LUXE

ET LA TRINGLE DE FER.

> Il arrive trop souvent dans le monde
> que celui qui a le succès a l'honneur.
> ∗∗∗

LES ÉPINGLES DE LUXE

ET LA TRINGLE DE FER.

À Alph. KARR.

Enfant désavoué d'une muse marâtre,
  Humble cigale égarée au désert,
Monotone grillon qui, dans un coin de l'âtre,
  A temps égaux, toujours grince un même air,
Quel démon m'insinue à moi, chétif atôme,
  Voix sans écho, l'outrecuidant orgueil
De briguer près de vous pour cet absurde tome
  L'octroi béni d'un bienveillant accueil?

Daignez ouïr, Alphonse, une modeste fable ;
    Qu'elle vous plaise et je chéris mon lot...
Auteur d'un sens exquis, vif esprit, cœur affable,
    Vous l'entendrez sans doute à demi-mot.

FABLE.

Un bijoutier-lapidaire à ses tringles
    Exposait de nombreux bijoux
D'or et d'argent ; entre autres force épingles
Du luxe, du caprice et des prix les plus fous.
    Or, un beau jour, entre ces hochets frêles
      L'ambition, la vanité
Émirent, qui l'eût cru ? des propos, des querelles ;
      Tant il est vrai que la tranquillité
N'habite, hélas ! qu'avec la médiocrité...
      L'une vantait avec emphase
Ses yeux de diamant ; l'autre, un front d'Anubis,
      Une auréole de topaze ;
Qui, son brillant onyx ; qui, sa perle du Phase,
    Charme et tourment des regards ébaubis.
En propos discordants dégénérait la noise :
L'émeraude insultait l'agathe et la turquoise,
La turquoise et l'agathe insultaient le rubis.
      Mais voici que, pour mettre un terme
      A ce charivari d'enfer,
      Une voix modeste mais ferme.
      Au timbre métallique et clair,

S'écria : « Taisez-vous! suppôts de Lucifer ;
  « Il vous sied bien , colifichets de mode ,
« De vous congratuler en style brillant d'ode
    « Quand on devrait au fin fond de la mer
    « Vous engloutir comme la source immonde
      « Des maux qui désolent le monde ! »
Qui parlait de la sorte? Une tringle de fer,
Une tringle, il est vrai, sans éclat, sans faconde,
Inhabile à plier, rude, sans ornement ,
Mais qu'avait aiguisée une pierre d'aimant :
« De vos prétentions la ridicule émeute
    « Apprête à rire aux passants qu'elle ameute !
    « Imitez-moi : J'ai la propriété
    « Bien plus que vous d'attirer qui m'approche,
      « En ai-je un grain de vanité !
    « Non ; car que suis-je? une fragile broche ;
« Mais à mon vil métal , objet de vos mépris ,
« Un aimant sympathique a donné quelque prix ;
    « Ceci soit dit sans morgue et sans reproche. »

        La vitrine du bijoutier
      Serait , si j'avais pu vous plaire ,
      Le brillant monde littéraire ,
Moi, je serais la tringle ou de fer ou d'acier
Qui trouverait en vous, pour compléter ma glose,
Cet aimant qui d'un rien sait faire quelque chose.

DÉPART.

> Tous les hommes sont frustrés dans leurs espérances, trompés dans leur attente.
> GOETHE, *Werther*.

Le corps s'en va, mais l'âme te demeure ;
Ange ou démon, adieu jusqu'au retour.
Je pars hélas! mais Laurence, à toute heure,
Ton nom béni me parlera d'amour !

Ton nom béni, si mon ciel devient sombre,
Luira sur moi comme une étoile d'or ;
Si le soleil me brûle, il sera l'ombre
Où, fatigué, le voyageur s'endort.

Ton nom béni, que de mes pleurs j'arrose,
Est enivrant comme un parfum de rose,
Suave et doux comme un rayon de miel...
Ce nom, (j'en meurs de dépit et de rage),
Pour moi ne fut qu'un décevant mirage,
Un autre en toi cherche et trouve le ciel !

A Melle CLAIRE B**.

> L'homme fait, malgré lui, souvent
> ce qu'il condamne.
> REGNARD, *Démocrite*, act. 1, sc. IV.

A Melle Claire B**.

> Mon âme habite un lieu par où
> les passions ont passé : je les ai
> toutes connues.
> J. Joubert, *Pensées et Maximes.*

Hier, au sortir d'une orgie,
(Car je m'enivre quelquefois,
Quelquefois, la face rougie,
Je m'estime au-dessus des rois
Malgré ma besogneuse vie),
Hier donc j'entendis ta voix ;
Ta voix fraîche, mélodieuse,
Au timbre doux et caressant,
Plus limpide, plus radieuse
Que l'aube au ciel apparaissant.
Et je sentis en moi renaître

Mille sentiments déjà morts,
Et j'eus de généreux remords
De ma façon d'agir et d'être
Dont je reconnus tous les torts...

Régénéré par l'harmonie
De ton chant magique, divin,
J'abjurai l'ignoble manie
De noyer mes maux dans le vin ;
Je fis serment de ne plus boire
Pour mieux m'imprégner de ton chant...
Mais, syrène ! l'esprit méchant
N'en perdra rien, tu peux m'en croire :
Hélas ! ce chant suave et pur
M'apporte une extase traîtresse...
Je ne suis pas guéri, c'est sûr ;
Je n'ai fait que changer d'ivresse !

A Mme DE Félix DELAMOTHE.

Les beaux vers sont ceux qui s'exhalent
comme des sons et des parfums.
J. JOUBERT, *Pensées et Maximes.*

A Mme DE Félix DELAMOTHE.

.... Nescio quid molle atque facetum.

Madame, votre livre est suave et frais comme
Un courtil (1) printanier tout panaché de fleurs
Dont la neige odorante a devancé la pomme
Que l'été va doter de splendides couleurs.

Poëte, votre livre est une pure étoile
Qui brille dans le ciel de votre cœur ouvert
Comme, au matin du jour, à l'horison sans voile
Luit d'un limpide éclat le front de Lucifer.

(1) Vieux mot : jardin, verger planté d'arbres.

Oui, tout en vous est charme : et le rythme et l'idée ;
Votre style est une eau qui, sur un lit moussu,
Coule, et dont n'est jamais la prairie inondée,
Le guéret ravagé, le voyageur déçu.

Trois fois heureux ! celui qui, de votre jeune âme
S'emparant le premier, harpiste impérieux,
Sut en tirer les sons, les accents tout de flamme
Que reflètent vos vers gais, tendres, grâcieux.

Notre doux Lamartine, écho du chœur des anges,
De sa muse convient que votre muse est sœur.
Pourquoi ? C'est que jamais dans nos terrestres fanges
Vous n'avez de sa robe altéré la blancheur...

Hélas ! je ne l'ai point le sublime génie
De ce chantre d'Elvire et du ciel et de Dieu !
Mais comme lui je sens, j'adore l'harmonie ;
Et, quand dans maint poète elle me dit adieu,

Consolé, je l'aspire en vous, suave et pure
Comme un soupir de harpe exhalé vers le ciel,
Comme un parfum d'Eden quand naissait la nature,
Plus que la rose frais et plus doux que le miel !

Madame, votre livre est bien beau... mais plus belle
Est l'âme dont les cieux ornèrent votre corps ;
Hélas ! pour la chanter en des chants dignes d'elle,
Il me faudrait créer de célestes accords !

Il faudrait de mon cœur, champ hérissé d'ivraies,
(Travail ardu) ! chasser, émondeur sans pitié,
Tous mes doutes maudits touchant les choses vraies :
Dieu, ciel, amour, candeur, innocence, amitié !

Il me faudrait brûler mes sèches ironies,
Ces broussailles de houx que le vent du malheur
Agite et fait grincer durant mes insomnies,
Et dont les dards aigus agacent ma douleur !...

Il me faudrait pouvoir croire au destin prospère
Créé par un labeur rude mais triomphant ;
Pieusement en Dieu qui me serait un père ;
Détruire le vieil homme et me refaire enfant !

Pour moduler des chants dignes de vous, Madame,
Doux comme votre cœur, comme votre âme doux,
Il faudrait que je crusse au ciel, au cœur, à l'âme,
A l'amour, au bonheur, comme je crois en vous !

Bruxelles, 24-25 décembre 1847.

AINÉE ET CADETTE.

L'amour d'une femme, c'est l'ombre du bonheur.
***

AINÉE ET CADETTE.

>De Charybde en Scylla.
>(*Tous les classiques.*)

Charlotte régna sur mon âme,
Aujourd'hui Sophie a mon cœur ;
L'une eut ma juvénile flamme,
De mon midi l'autre a l'ardeur.
Mais sera-ce ma destinée,
Vous dont m'agacent les yeux doux !
Dupe déjà de votre aînée,
De l'être hélas ! encor de vous ?

Il promet tant votre sourire
Aux rayons vifs et caressants,
Qu'il enflamme jusqu'au délire
Mon espoir, mon cœur et mes sens !
J'y vois luire ma destinée.
Charlotte aussi l'avait bien doux...
Dupe déjà de votre aînée,
Vais-je l'être encore de vous ?

Comme elle vous avez, coquette !
Friand corsage et pied mignon,
Voix à défier la fauvette...
Serez-vous comme elle un démon ?
Comme elle êtes-vous destinée
A me trahir sous un air doux ?
Dupe déjà de votre aînée,
Vais-je l'être encore de vous ?

Mon premier amour, chaste rêve
Au reveil trop vîte éclipsé...
Serait-ce aujourd'hui qu'il s'achève
Dans un sommeil recommencé ?
J'en bénirais ma destinée,
Dussé-je, fée aux traits si doux !
Dupe déjà de votre aînée,
L'être encor aujourd'hui de vous !

SUR UN ALBUM

où se trouvaient des vers signés par Lamartine, Victor Hugo, E. Deschamps, etc.

Vous l'ordonnez, Madame, je m'enrôle,
Conscrit obscur de la gloire ignoré,
Parmi ces preux que la gloire auréole,
Sous un drapeau de leurs noms illustré.
Mais malgré moi tremble la main qui trace
Ces quelques vers sur le soyeux vélin,
Car, je le sais, je ne suis qu'un vilain
Admis par vous dans une noble race...

LE TINTORET.

> C'est la force de volonté qui fait les hommes grands ou petits.
> Schiller.

LE TINTORET.

A M. J. LÉONARD, peintre.

Audendum est.

Courage! Léonard, courage! c'est ainsi
Que sur des jours brumeux d'angoisse et de souci
L'art, soleil éclatant, réparateur, se lève
Et fait naître des fruits où bouillonne la sève.
Donne donc tes fruits, arbre; aiglon, prends ton essor!
Ose; ne doute plus : le doute c'est la mort!
La mort dans cette coupe à la liqueur acide
Où Léopold-Robert a bu le suicide,
La mort avec l'oubli pour ensevelisseur,
La pitié pour suaire et la honte pour sœur!...

Oh ! garde-toi du doute, implacable couleuvre
Qui bave son venin sur l'artiste et son œuvre !
Athlète aux flancs huilés, avec un cœur viril,
D'une pénible lutte accepte le péril.
Pourquoi douterais-tu, d'ailleurs? Jamais la lice
Ne s'ouvrit plus heureuse au champion novice ;
L'essai de ta vigueur, enlevant nos bravos,
A déjà fait pâlir tes vétérans rivaux.

Vieux lion caressé par une tourterelle
Tu nous peins Tintoret près de sa Tintorelle :
Le fougueux Robusti s'énivre du nectar
De l'amour paternel et de l'amour de l'art,
Tandis qu'elle, Antigone et pieuse et folâtre,
Chante dans la maison comme un trilby dans l'âtre.
Puis, lorsque ton pinceau délicat, tendre et frais
D'une union si douce a tracé les attraits,
Ce bonheur domestique et ces intimes joies
Dans les ombres d'un deuil immense tu les noies !
Ce trésor filial, cet ange idolâtré,
Tu l'étales cadavre à son père éploré !...

Oh ! que sur ce vieillard dont la prunelle sombre
Dévore la défunte, éclair sanglant dans l'ombre,
Ton pinceau pathétique a jeté d'intérêt,
Qu'on plaint la Tintorelle et surtout Tintoret !
Pour le père vivant et pour la fille morte
Tu sais nous inspirer une pitié si forte,

Une douleur si vive, un regret tant amer
Qu'un drame de trois fois cent ans semble d'hier...

Jules, courage donc ! Persévère, et la gloire
Pour toi ne sera point un fantôme illusoire :
A ton ambition ce triomphant début
Signale, si tu veux, mieux qu'un vulgaire but :
Quand avril reviendra, qu'une pareille page
Comparaisse, à Paris, devant l'aréopage ;
Plus on s'élève au ciel, plus l'horizon est grand :
Songe que ton berceau fut celui de Rembrandt.

SOUVENIR.

Mon pauvre cœur, à la tristesse en proie,
En fouillant le passé vous retrouve avec joie
Jours naïfs, plaisirs purs, emportés par le temps
Ainsi que le parfum des fleurs par les autans.
     Reboul, de Nîmes.

JE ME SOUVIENS!

À mon ami le docteur M*.

> Le bonheur nous quitte ou nous le quittons.
> J.-J. ROUSSEAU.

Je n'ai point oublié, malgré la vie étrange
Où, d'exil en exil, me pousse le destin,
Votre hospitalité ni celle de cet ange,
Votre étoile du soir, votre astre du matin.

Je n'ai point oublié les voix consolatrices
Qui de mon désespoir ont fondu les glaçons;
Vos délicates mains flattant mes cicatrices;
De ma fierté, vos soins endormant les soupçons.

Les limpides regards de votre Joséphine,
Son front, candide lys, ses lèvres de corail,
Ses dents, dont un sourire à la grâce divine
Découvre le plus frais et le plus pur émail,

Bien mieux que sa beauté, ses grâces ineffables,
La bonté qui se lit sur chacun de ses traits,
Son accueil engageant, ses paroles affables,
Je n'ai rien oublié, rien de tous ses attraits.

Rien oublié de vous, cher docteur ! ni rien d'elle ;
Rien de tous vos bienfaits ni rien de ses beautés ;
De votre sympathie à mes malheurs fidèle,
Ni des plaisirs si francs que chez vous j'ai goûtés.

Avec des cris de joie et des pleurs d'allégresse
Qu'il m'était doux de voir accourir sur vos pas
Pères, mères, enfants, hier dans la tristesse,
Aujourd'hui par votre art arrachés au trépas !

Autour de vous, famille agile, gaie, allègre,
Tournoyer en dansant ces apprentis mineurs,
Ces enfants du cuffat, à la face de nègre,
Du foyer paternel vous faisant les honneurs !

C'était justice aussi, car à votre science
La sainte humanité ne fit jamais défaut

Et le pauvre souvent dut à leur alliance
Le salut de la couche et celui du berceau !

Narguez donc, mon ami, les puritains moroses
Qui de trop de rondeur accusent votre abord,
Votre face, d'avoir de trop vermeilles roses ;
Vous êtes médecin et non pas croque-mort...

Peut-être vos deux cœurs ont-ils pris le silence,
Le silence si long qu'envers vous j'ai gardé,
Pour de l'ingratitude ou pour de l'indolence,
Tristes fruits, fruits amers d'un heureux coup de dé ?...

Pourtant il n'en est rien. Le malheur tyrannique
De ses chaînes encor ne m'a point délivré ;
De son joug accablant la flétrissure inique
Affaisse encore, hélas ! mon front deshonoré ;

Mais quand il serait vrai qu'un rayon d'espérance
Fût venu de mon jour dissiper le brouillard,
Il n'aurait su faner de ma reconnaissance
La fleur que ne teint pas un éphémère fard...

Janvier ouvre l'année, et moi j'ouvre mon âme
Aux doux épanchements de la sainte amitié ;
Aux souvenirs, lutins dont les ailes de flamme
De mon être vers vous emportent la moitié !

Déjà ces vers, moisson de mon cœur qui s'épanche,
Ont, pour quelques instants, chassé mes longs ennuis,
Mais que le col si pur de votre ange se penche
Pour vous les lire ; ami, l'homme heureux que je suis !

Douchy, 1er janvier 1848.

L'OMBRELLE ILLUSOIRE.

L'OMBRELLE ILLUSOIRE.

Rocaille Pompadour, à Melle Joséphine M*.

Hochet riche et frêle,
  Une ombrelle
Sied à la beauté ;
Son ombre si douce
Du soleil émousse
  La clarté.

De son toit de gaze,
  Qu'on évase
Comme un éventail,
On semble coiffée
Ainsi qu'une fée
  Du sérail.

Ou bien, délicate,
    Sur la natte
De son palanquin
Sur lequel chatoie
La moire ou la soie,
    Baldaquin

Que la brise frôle,
    La créole,
Au teint fatigué,
Qui d'effroi se pâme,
Prête à rendre l'âme
    Pour un gué

Dont le pas dérange
    D'une frange
Son schall des plus beaux,
Sans que ses yeux voient
Ses Noirs qui se noient
    Dans les eaux...

On semble parée,
    Diaprée
Comme un arc-en-ciel ;
On semble une ondine,
Secouant, badine,
    Son mantel

De vagues de nacre
    De qui l'âcre
Baiser, mord son corps,
Et tigre en bleuâtre
La rose et l'albâtre,
    Ses trésors,

D'ondes caressantes,
    Frémissantes
D'enlacer son sein,
Ses formes charnues,
Que caresse nues
    Leur essaim ;

On semble une almée
    Animée
D'un divin souris,
Dont les yeux de flamme
Font rêver notre âme
    Aux houris !

Gente demoiselle
    Avec elle
Certes doit avoir
Cette amulette, arme
Bien plus puissant charme
    Qu'un miroir !

Et faire, coquette,
 Une aigrette
De son parasol
A ses roses fraîches
Comme aux blondes pêches
 De son col.

Car il la colore
 En aurore
Ce prisme sans prix,
Il la transfigure,
(Mieux que la ceinture
 De Cypris),

En nymphe, en sylphide,
 En Armide
Aux charmes vainqueurs ;
En enchanteresse
Qui met en détresse
 Tous les cœurs...

Ce bijou, ma chère !
 Que naguère
Je t'ai promis, moi,
Qu'un rayon prospère
Me luise, et j'espère
 Sur ma foi !

Que tu l'auras, fée,
    Qu'en Orphée
Sinon en Plutus,
J'amuse et je paie
Avec la monnaie
    De Phœbus !

Envoi.

Blonde Joséphine,
    Simple et fine,
Patience encor !
Aujourd'hui je glane,
Mais demain je plane
    Au Thabor !...

Douchy, janvier 1848.

PARADOXE.

> C'est Dieu qui fit les champs,
> et l'homme fait la ville.
> Cowper.

PARADOXE.

A Alph. KARR.

> Dès que je puis me transporter par hasard à quelques milles de Londres, ma sensation la plus marquée est l'absence du bruit. Là, dès que je sens la fraîcheur de la brise, dès que je vois les nuages voyager au-dessus de ma tête et la verdure s'émailler autour de moi, je m'écrie naturellement : « Qu'ai-je donc obtenu en échange de tout cela ? »
>
> Sir Ch. Bell,
> fameux naturaliste anglais.

Décidément le siècle est à la mécanique,
L'imagination le cède à la vapeur ;
Aux œuvres de l'esprit le piston fait la nique
Et des chemins de fer la poésie a peur.

Le cuivre, le charbon, le coke et la ferraille
Sont les utiles dieux du monde industriel
Qui souffle, forge, tourne, ajuste, lime et... raille
L'Amour et la Chanson, ces deux jumeaux du ciel.

Dans les champs éthérés, votre ancienne patrie,
Dont, pour notre bonheur, Dieu vous avait bannis,
Ah ! remontez, Amour ; remontez, Rêverie !
Nous ne comprenons plus vos charmes infinis...

D'ailleurs, dans l'univers reste-t-il bien encore
Un seul coin pour le rêve, un seul coin pour l'amour ?
Ici grince la scie, et là l'usine arbore
A son minaret noir la flamme de son four.

O Nature ! que Dieu nous fit abrupte et belle,
On ampute tes bois, on comble tes vallons,
On déchire tes flancs et tes verts mamelons,
Tes plans capricieux, Nature ! on les nivelle !

De tes sombres réduits l'exil est violé :
Tu n'es plus qu'un vain rêve, ô défunte campagne.
Que le chantier bruyant d'un gigantesque bagne
Où manœuvre, à grands bras, un peuple étiolé...

Mon oreille, mes yeux, mon esprit, tout s'effare,
Quand au glas des sifflets, au cliquetis du fer,
Me frôle un lourd convoi, noir géant du Ténare,
Tonnant comme la foudre et prompt comme l'éclair.

Oh! je sais comme vous, arpenteurs, géomètres,
Qu'il est beau d'effacer la distance et le temps;
Qu'il est presque divin de se rendre les maîtres
Et les ordonnateurs de tous les éléments...

Vers le mieux inconnu je sais qu'il faut qu'on marche...
Mais je crains bien, hélas! Civilisation!
Que, de ton avenir pensant construire l'arche,
Tu n'élèves Babel à ta confusion...

Oui, le fer qu'on étire en bandes parallèles,
Les wagons, les remblais, les ponts, les viaducs,
Ces ouvrages d'hier, mesquins, déjà caducs,
S'annihilent devant les œuvres éternelles...

Poursuis donc, ô Science! atteins ton noble but;
De la grande nature éventre bien la robe;
Comme on ferre un cheval, ferre l'immense globe,
Puis calcule combien durera Lilliput.

Hélas! il durera (vérité triste et sombre!)
Industrie, ô cyclope avide de profits!
Juste le temps qu'il faut pour qu'il s'écroule et sombre,
Frêle que tu l'as fait, sur nos malheureux fils!

Cependant, où trouver un asile où s'endorme,
Au babil de la source et des pinsons joyeux,
D'ombrage et de sommeil le piéton soucieux;
Sur les chemins de fer plus de pinsons ni d'orme!

Alphonse tu l'as dit : l'antique grand chemin,
Pavé de grès, bordé de verdure et d'ombrage,
Sera réinventé, dans cent ans, par un sage
Que l'on proclamera l'ami du genre humain.

Dans cent ans, ô piétons, ô rêveurs, ô poètes !
Ces molles oasis si bonnes au dormir,
Nous pourrions espérer de les voir reverdir...
Mais hélas ! dans cent ans nos voix seront muettes !

Dans cent ans, je l'admets, l'univers sera beau ;
Il sera, je le veux, un pays de Cocagne,
Mais hélas ! mais hélas ! rêve, amour, chant, campagne,
Tout se résumera pour nous dans un tombeau !...

Hâvre, septembre 1847.

PLUS QU'UN ROI !

> En amour, l'homme se prête,
> la femme se donne.
> ✱✱✱

Si tu veux me dire : je t'aime !
O montagnarde aux yeux charmants !
Sur ton front d'or pâle je sème
Perles, rubis et diamants ;
Du mien je fais ton diadème,
   Moi,
  Le roi.

Si tu veux me dire : je t'aime !
Et quitter tes humbles châlets,
A toi ma puissance suprême,
A toi mes trésors, mes palais,
Et mes Espagnes et moi-même,
  Moi,
   Le roi.

Si tu veux me dire : je t'aime !
Pour te parer de ses atours
A la Vierge-Sainte elle-même
Je ravirai soie et velours...
Je puis affronter l'anathême,
  Moi,
   Le roi.

Majesté, je suis la compagne
D'un contrebandier qui m'a dit :
« De l'air libre et de la montagne
« Je te fais reine, moi bandit,
« Car j'en suis plus qu'un roi d'Espagne,
  « Moi,
   « Le roi ! »

UN CONTE DES MILLE ET UNE NUITS

RÉALISÉ.

UN CONTE DES MILLE ET UNE NUITS

RÉALISÉ.

Au Bey de Tunis.

— —

> Pardonne si j'orne la vérité de fleurs
> et si je répands dans mes vers d'autres
> charmes encore que les tiens.
> TASSE.

On dit que sur ce point dans l'espace emporté
Les rois sont les agents de la divinité,
Que Dieu même les a, par faveur singulière,
Institués les chefs de notre fourmilière,
Revêtus de sa force, et qu'il tient dans ses mains
Les esprits et les cœurs de ces pasteurs d'humains.
A lire, cependant, la déplorable histoire

De ces rois dont le monde exècre la mémoire,
On est tenté plutôt, tant leurs crimes sont grands !
De prendre ces bergers pour des loups dévorants,
Et, pour suppôts maudits de l'enfer et du diable,
De ces oints du Seigneur l'engeance impitoyable !

Présenter à tes yeux ce sinistre miroir
Ce n'est pas faire injure, ô prince ! à ton pouvoir ;
C'est te féliciter, ô doux sultan d'Afrique !
Que nous défigurait une fausse rubrique ;
C'est te remercier de l'exercer bien mieux
Que tes frères trônant par la grâce des cieux ;
Rois dont le despotisme égoïste enveloppe
Dans un réseau de fer la décrépite Europe.

J'ignore si ces rois auront pu sans rougir
Contempler la splendeur de tes façons d'agir,
Si tes larges bienfaits, indirecte ironie,
Auront à leurs chevets fait grincer l'insomnie ;
Mais sur les malheureux ta grêle de sequins
Trahit la vanité de leurs secours mesquins,
Et ta magnificence, exotique merveille,
De ces fesse-mathieu le hideux bout d'oreille...

Aussi j'en jurerais, noble Bey ! te voilà
Compromis gravement près de ces chrétiens-là ;
Des valets leur ont dit que ta splendide aumône
Ne t'exhaussait si fort qu'en abaissant le trône.

Et le trône stupide, égoïste et poltron,
Dans ton exemple à suivre a su voir un affront...

Tu peux t'en consoler : une vaste contrée
Racontera longtemps ta légende dorée :
Dans les longs soirs d'hiver le père à son enfant
Evoquera ton nom féerique et triomphant,
Et toute la famille, émue, émerveillée,
Rêvera du héros, du dieu de sa veillée ;
Puis (car la noble France a maint sublime écho)
Lamartine, Deschamps, Méry, Victor Hugo
A l'immortalité de leur puissant génie
Voudront associer ta charité bénie,
Faire monter avec l'encens pur de leurs vers
Tes saintes actions au roi de l'univers,
Et ce dieu juste et bon (qu'il soit chrétien ou more)
Etendra ton renom du couchant à l'aurore,
Ecartera de toi les dangers, les complots,
Te fera triompher sur la terre et les flots...
Lorsqu'enfin plein de jours, pour l'éternel voyage
Il te jugera prêt, le terrible passage
Du pont tranchant qui mène à son éternité
S'ouvrira large et sûr devant ta majesté !...

Je n'ai pu résister au dessein téméraire,
Moi poète inconnu, moi ciron littéraire,
De t'écrire ces mots de ma franchise empreints ;
La vérité n'est pas, je crois, ce que tu crains ;

Ton histoire, après tout, vaut bien qu'on la publie,
Avec les potentats elle reconcilie.

Si l'on ne te peint pas en de riches habits
Sablés de diamants, de perles, de rubis,
Escorté de muets dont la féroce engeance
A toujours un poignard levé pour ta vengeance,
Tel que nous rêvons, nous, un roi de l'Orient ;
On te peindra flanqué d'un peuple gai, riant,
Que l'ombre de ton trône, ainsi qu'une savane,
Abrite, et d'où sur lui tu fais tomber ta manne ;
On te peindra clément, miséricordieux,
Laissant lire ton âme et ton cœur dans tes yeux !

Vois ! du Septentrion les nations complices
En toi du genre humain adorent les délices,
Au rivage africain, qu'illustrent tes vertus,
Entends-les envier son moderne Titus,
Et s'écrier, les yeux vers tes plages vermeilles :
L'Orient est toujours le pays des merveilles !

POURQUOI ?

POURQUOI?

> Cui flavam religas comam,
> Simplex munditiis?...
> HORACE, liv. 1ᵉʳ, ode v.
>
> Pour qui relèves-tu tes blonds
> cheveux, gracieuse et simple
> fille?...

   Pourquoi?
  Dites-le moi,
Jeune et charmante Camille,
Quand votre serin babille,
   Pourquoi?
Si souvent par votre aiguille
Etes-vous piquée au doigt ;
   Pourquoi?

Pourquoi ?
Dites-le moi,
O maladroite Camille !
Sous certain œil qui vous grille,
Pourquoi ?
Embrouillez-vous le quadrille
Dont vous connaissez la loi ;
Pourquoi ?

Pourquoi ?
Dites-le moi,
Mystérieuse Camille !
Loin du bal qui s'émoustille,
Pourquoi ?
Allez-vous sous la charmille
Rêver à je ne sais quoi ;
Pourquoi ?

Pourquoi ?
Dites-le moi,
Pâle et craintive Camille !
Se gonfle votre mantille ?
Pourquoi
Cette perle qui scintille
Dans vos yeux bleus pleins d'effroi ;
Pourquoi ?

Pourquoi ?
Je le sais moi,
Ne le savez-vous ? Camille !
Pourquoi votre cœur sautille,
Pourquoi ?...
C'est que l'amour le mordille.
Mais, s'il cause votre émoi,
Pourquoi ?

UN CHOIX DIABOLIQUE.

> Nunc est mens adducta tuâ, mea Lesbia culpâ,
> Atque ita se officio perdidit ipsa pio ;
> Ut jam nec bene velle queam tibi, si optima fias,
> Nec desistere amare, omnia si facias.
> CATULLE, LXXV.
>
> Hostibus eveniat lenta puella meis.
> PROPERCE, élégie VIII.

UN CHOIX DIABOLIQUE.

A une Marion.

> Vis superba formæ.
> Jean Second.

Si ton cœur n'était pas de bronze, ô courtisane !
En dépit de toi-même il faudrait bien qu'un jour,
Malgré ma barbe inculte et ma rude basane,
Pour moi qui t'aime tant tu t'éprisses d'amour !

Si pour un peu d'argent tu ne perdais ton âme,
Tu n'étalais tes flancs à tout amour banal,
Si tes seins nus n'offraient, ô déplorable femme !
A tout enchérisseur un oreiller vénal,

Si tout n'était à vendre en toi : ta chevelure
Noire à le disputer aux plumes du corbeau,
Tes yeux azur du ciel, l'émail de ta denture,
Les roses de ta lèvre et ton front, lys si beau !

Si l'albâtre charnu de ton corps souple et ferme :
Epaules, jambes, bras dodus et potelés,
Pieds qu'un soulier d'enfant sans nulle gêne enferme,
Mains dont on mangerait les dix doigts effilés !

Si tout ton être, enfin, dont mes enthousiasmes
Divinisent, pieux, les plus secrets trésors,
Si, jusqu'à tes soupirs, si jusques à tes spasmes,
Tu ne vendais pas tout sans honte et sans remords !

Si, les yeux égarés et la face rougie,
La voix rauque criant d'impurs refrains sans airs,
Tu ne te plongeais toute en l'égoût de l'orgie,
Ange déchu du ciel qui tombe dans l'enfer...

Oh ! je t'aimerais tant que je rendrais ta vie
Suave à parcourir comme un jardin d'avril !
Que chacune jalouse, et toi, fière et ravie,
Vous croiriez aux trésors niés du cœur viril !

J'adorerais en toi jusques à ces chimères,
Visions, diables bleus des femmes, des enfants,
Que savent d'un souris faire envoler les mères,
Et que fascineraient mes baisers triomphants ;

Au devant de tes vœux mon cœur, comme une fée,
S'élancerait docile, et, sylphe gracieux,
De la brise pour char prenant une bouffée,
T'irait chercher, que sais-je?... une étoile des cieux!...

Du Tombouctou céleste escaladant l'entrée,
Je t'en rapporterais des trésors sans pareils :
Des parfums qu'ici-bas n'offre aucune contrée,
Des diamants brillants ainsi que des soleils ;

De prismatiques fleurs aux senteurs infinies,
Des plumes de phénix, d'ange, de séraphin,
Et l'écho de ces chants, de ces mille harmonies
Que fait jaillir au ciel une extase sans fin !

J'enivrerais ton cœur et tes sens et ton âme
Du récit des amours si purs et si complets
Dont, sous l'œil éternel, ils allument la flamme
Ces anges qui de Dieu sont les brillants reflets !

Oui, sur le char de feu des prophètes antiques
Mon esprit emporté jusqu'aux divins pourpris,
Oserait en ravir les richesses mystiques
Pour un de tes regards, pour un de tes souris...

Mais que dis-je ? Insensé ! Lorsque, brûlant Elie,
Je m'élance pour toi dans l'océan de l'air,
Quand je brave la foudre, est-ce donc que j'oublie
Ton âme, impur limon pétri par Lucifer ?

Est-ce donc que j'oublie, en mon délire étrange,
Que tu n'es qu'un vampire âpre à l'or, âpre au sang,
Dont la bauge, exhalant l'alcool et la fange,
Mord, comme un traquenard, la pudeur du passant?

A toi parler du ciel et de son ambroisie,
De ses chastes amours, de ses étoiles d'or,
Du parfum de ses fleurs et de sa poésie...
A quoi bon?... tout en toi, sauf la débauche, est mort!

A toi communiquer les fièvres virginales
Qui brûlent le poète en épurant son cœur...
J'aime mieux te mêler aux rondes infernales
Au sabbat des maudits dont Satan tient le chœur!

J'aime mieux te plonger vive au gouffre funeste
Où râlent des damnés les rauques hurlements,
Dans le blasphème ignoble et l'éternel inceste,
Dans l'étreinte de feu de leurs accouplements!...

Tu comprendrais, du moins, ces infernales joies,
Ces hideuses amours d'un peuple de démons,
Toi qui de la pudeur as déserté les voies,
Toi qui vends âme et corps à l'or de nos Mammons!

Oui, tu les comprendrais, Phryné dont la folie,
Terrible avant-coureur de l'éternel tourment,
Epuise chaque jour, hume, jusqu'à la lie,
Des obscènes plaisirs le calice écumant!

Mais les chastes plaisirs de la béatitude,
Mais le ciel, sur la terre, ouvert à la vertu,
Mais la splendeur du beau, de l'ange unique étude,
Les comprendre jamais comment le saurais-tu?...

Tout entière, en détail, livre-toi... que m'importe?
Tu n'es plus dans mon cœur qui te hait, Dieu, merci!
Aux folles passions j'ai su fermer sa porte...
Va! maudite de Dieu! je te maudis aussi!

Je te maudis... je mens... car, de toute mon âme,
De tous mes sens flétris que tu refleuris, toi,
Je t'aime! je t'adore et... je suis un infâme...
Un vil blasphémateur... Mais sais-tu bien pourquoi?

Pourquoi? C'est qu'enfiévré d'une âcre frénésie,
Je me meurs de te voir à tout le genre humain,
C'est qu'au fond de mon cœur la sombre jalousie
Plonge un poignard trempé dans un mortel venin!

Je fais le vertueux, l'angélique, le chaste,
Pour t'accaparer toute et farder mes instincts,
Moi, le luxurieux que le vice dévaste,
Moi, jeune cœur de flamme avec des sens éteints...

Je suis, comme Satan, ironique et funeste,
Je ricane en parlant d'austère chasteté,
De platonique amour et de flamme céleste,
De vertu, de pudeur et de virginité...

Fi ! de la Vierge chaste, inapte à la débauche,
Qui ne réveille pas mon appétit charnel !
Au front de beurre frais, aussi froide que gauche,
Toujours pendue aux flancs du jupon maternel !

Fi ! de la précieuse et de la renchérie
Aux lèvres sans promesse, aux regards sans éclair,
Dont n'oserait jamais la main mal aguerrie
Attiser de mes sens le feu déjà couvert !...

Vive, vive ! la folle et rieuse bacchante
Qui me lance les dards de ses seins, de ses yeux,
Qui tend à mes baisers sa bouche provocante,
Et se prête à mes goûts les plus capricieux !...

Vive ! la Vénus ivre, ardente proxénète,
Qui se tord et bondit plus prompte qu'un jaguar,
Enlaçant, fasciné sur son sein qui halète,
Vipère aux mille nœuds, son amant de hasard !...

Vive ! jusqu'au juron qui, passant par sa bouche,
Plus qu'un soupir d'amour épice le plaisir,
Sa science, que rien n'étonne et n'effarouche,
Qui fait comme un phénix renaître le désir !...

C'est celle-là que j'aime, et non la mijaurée,
La Vierge sans désir et sans enivrement,
Dont, au bas du corset la ceinture serrée,
Craint de se dénouer sous les doigts d'un amant...

C'est celle-là que j'aime ! ou plutôt, Courtisane !
C'est toi, toi que j'adore en elle ! et, je le dis :
Qu'on me donne l'enfer avec toi, Dieu me damne !
Je ne veux pas de l'autre avec le paradis !...

LE REFRAIN

DES OUVRIERS DU PORT DE LA VILLETTE.

LE REFRAIN

DES OUVRIERS DU PORT DE LA VILLETTE.

> Nunc est bibendum, nunc pede libero
> Pulsanda Tellus....
> > Hor., ode xxxvii.

Quand l'aube naît, nous nous levons,
  Prêts à l'ouvrage
  Et remplis de courage ;
Nous débutons, gais compagnons,
Par vider nombre de *canons*.
Nul n'est rebelle à cet usage ;
Car boire *dur* pour travailler plus fort,
C'est le refrain des ouvriers du port.

Nos bras sont forts, nos cœurs sont francs,
Notre parole,
Sûre et jamais frivole.
Du veau, du pain et du vin blancs
Plus que des rois nous font contents...
Vive le veau qui nous console !
Vive le vin dont le doux philtre endort !
C'est le refrain des ouvriers du port.

Monarques en blouse, en sabots,
Pour tout royaume
Nous n'avons rien qu'un chaume,
Un lit de paille, et, pour impôts,
L'écume du vin dans les pots...
Mais au camarade qui chôme
Offrir gaîment moitié de ce trésor,
C'est le refrain des ouvriers du port.

Si nos guenilles sur les quais
Avec le faste
Font risible contraste,
Nous en sommes fiers et coquets
Plus que des galons d'un laquais !
Préférer le ciel libre et vaste
A l'esclavage emprisonné dans l'or,
C'est le refrain des ouvriers du port.

Pourvu que prête le soleil
A la besogne
Sa face bourguignonne,
A l'aspect de son front vermeil
Notre bonheur est sans pareil ;
On *relève*, on *empile*, on cogne,
On *colletine*, on *bûche*, on chante *à mort*
Tous les refrains des ouvriers du port !

NÉCROMANCIE,

À L'OCCASION DU BAPTÊME DE Melle LAURE H***.

> Ouvrez votre paupière, beau petit enfantelet, éveillez-vous, c'est pour vous que nous chantons notre chanson.
> Édgard QUINET.

> Enfant! toutes les créatures
> Auront des sourires pour vous ;
> Toutes les sources seront pures,
> Et tous les hommes seront doux.
>
> L'eau des marais sera limpide
> Si vous y trempez votre main ;
> Si vous pleurez sur un nid vide,
> L'amour le peuplera demain.
> Victor DE LAPRADE.

NÉCROMANCIE,

A l'occasion du Baptême de Melle Laure H***.

———

> Tu pourras devenir belle à t'en rendre vaine,
> Être une grande dame, être duchesse, reine!...
> Mais plus jamais enfant !
> Mme Anaïs Ségalas.

Frêle objet d'espoir et de joie,
De l'eau-benite, un grain de sel,
Trois mots du latin d'un missel
A l'enfer arrachent sa proie.
C'est aujourd'hui qu'un homme noir
Vous rend aussi blanche que neige...
Pour faire mieux encor que n'ai-je
D'un sorcier baguette et pouvoir?

Je ne vous doterais, ma chère !
Ni de grâce ni de beauté,
Car cette double qualité
Vous la tiendrez de votre mère.
Mais pour hôtes à votre cœur,
(Telle rirait ma fantaisie),
Je donnerais la poésie
Et l'amour, ce couple vainqueur.

Vous seriez plus harmonieuse
Que la Grisi, qu'un rossignol ;
Votre danse, effleurant le sol,
Rendrait même Essler envieuse !
Vous auriez de la Maintenon
L'esprit qui la fit être reine,
Et les voluptés de syrène
Qu'à soixante ans avait Ninon !

Enfant qu'une mère dorlote !
Votre cœur tendre et généreux
S'ouvrirait aux cris douloureux
De l'indigence qui grelotte...
Mais vous serez le diamant
Dont je taille chaque facette,
Ange aux yeux bleus ! sans la baguette
D'un sorcier ni d'un nécroman ?...

L'ANGE QU'IL ME FAUDRAIT.

> Habitude ! habitude ! mol et formidable abîme où l'on glisse si doucement, on peut dire de toi tout le mal du monde et tout le bien également : et ce sera toujours vrai.
> MICHELET.

L'ANGE QU'IL ME FAUDRAIT.

A mon Frère qui se mariait.

> .... Eripe turpi
> Colla jugo ....
> HOR.
>
> Il est des nœuds formés sous des astres malins
> Qu'on chérit malgré soi. Je cède à mes destins ;
> La raison, les conseils ne m'en peuvent soustraire,
> Je vois le bon parti, mais je prends le contraire.
> RÉGNARD, *le Joueur*, act. VI.

La raison, ce guide sévère,
S'éveille en moi lorsque je dors,
Et me dit, d'une voix amère
Comme la plainte ou le remords :
    « Quitte l'orgie,
    « Fixe tes vœux,
    « Range ta vie
    « Pour être heureux ! »

Mais il est si sec ce Madère,
Il est si doux ce Chambertin !...
Mais j'en ai tant empli mon verre
Que la raison me crie en vain :
　　　« Quitte l'orgie,
　　　« Fixe tes vœux,
　　　« Range ta vie
　　　« Pour être heureux. »

Mais Palmyre que j'idolâtre
A tant d'amour dans ses yeux bleus !
Lise, la brune, est si folâtre
Et m'aime tant ! que je ne peux
　　　Quitter l'orgie,
　　　Fixer mes vœux,
　　　Ranger ma vie
　　　Pour être heureux !

Mais, ô raison grondeuse et sèche !
Tu n'as rien de bien séducteur
Quand, à minuit, ombre revêche,
Tu hurles au lit d'un dormeur :
　　　« Quitte l'orgie,
　　　« Fixe tes vœux,
　　　« Range ta vie
　　　« Pour être heureux ! »

Certes, si comme à toi, mon frère !
Elle venait, ange des cieux,
Sous les traits d'une épouse chère,
Me dire d'un ton grâcieux :
  « Quitte l'orgie,
  « Fixe tes vœux,
  « Range ta vie
  « Pour être heureux ! »

Vite ! je répondrais : mon âme !
Mon espoir, mon ange gardien !
Pour ton amour que je réclame,
Pour tes baisers, oh ! je veux bien
  Quitter l'orgie,
  Fixer mes vœux,
  Ranger ma vie
  Pour être heureux !

    St-Valéry s/Somme, février 1839.

JE NE PARTIRAI POINT !

Pendant mon sommeil, si ta main
De mes jours déliait la trame,
Céleste moitié de mon âme,
J'irais m'éveiller dans ton sein !
LAMARTINE.

Quem basiabis ? quæ labella mordebis ?
CATULLE, ode 8.

Je ne partirai point ! cet impossible effort
M'arracherait la vie, ô Céline adorée !
Ta patrie à jamais doit être ma contrée.
Que m'importent sans toi la renommée et l'or ?

Je ne partirai point ! quand, une fois, mon astre !
On est magnétisé par ton si doux regard,
Il faut sous ses rayons caressans vivre, car
Ailleurs c'est du chaos le sombre et froid désastre...

Je ne partirai point !... Je renonce plutôt
A l'espoir glorieux de mes rêves d'artiste !
Sans toi pour ton amant la vie est un cachot
Dont la morne lueur m'épouvante et m'attriste...

Je ne partirai point !... ou si jamais je pars,
Devant moi brillera ta lumineuse trace
Ainsi que la colonne à la flamme vivace
Qui guidait les Hébreux dans le désert épars !

Ou si jamais je pars... ô moitié de mon âme !
Je veux être bien sûr de tenir mon trésor !
D'avoir pour conducteur une céleste flamme
Qui vers un but sublime éclaire mon essor !...

COMPENSATION.

A Melle Julie B***.

> Perdutto è tutto il tempo
> Che in amar non si spende.
> Vers de l'*Aminta*.

Vous êtes jeune, aimable, fraîche,
Vos yeux noirs sont des diamants
Dont chaque éclair, rapide flèche,
Perce et brûle au cœur mille amants ;
Un divin sourire se joue
Sur votre bouche de corail ;
Une pêche c'est votre joue,
Votre front le plus pur émail !

Plus gràcieuse encor que belle,
Vous enchantez par vos discours
L'âme à l'amour la plus rebelle,
Le cœur le plus froid, le plus ours ;
A votre esprit comme à vos charmes,
Adorable enfant ! vous voyez
Qu'un monde d'amants rend les armes,
Priant et pleurant à vos pieds...

Quand votre taille est si menue
Qu'elle tiendrait entre dix doigts ;
Quand vous avez, chère ingénue !
Un écho du ciel dans la voix ;
Quoi ! vous osez trouver étrange
Que tout votre sexe envieux
S'efforce à calomnier l'ange
Que notre hommage place aux cieux ?

Des filles médisantes d'Ève
Méprisez le petit caquet,
Comme, au réveil, on rit d'un rêve
Rôdeur d'alcove ou de parquet...
A la haine dont vous menace
Un sexe jaloux et malin,
Opposez, comme une cuirasse,
L'amour du sexe masculin.

CANTATE SUR L'HARMONIE.

Cet écho d'une harmonie perdue que Platon et ses disciples appelaient la *réminiscence*, ce n'est pas un souvenir, c'est une vision présente.

J. Simon, *Ecole d'Alexandrie*, p. 64.

Ils sont doux, ô chevrier, les frémissements harmonieux que fait entendre ce pin au bord de cette source ; mais non moins doux sont les accents de ta flûte.
. . . .

Théocrite, idyle 1re.

CANTATE SUR L'HARMONIE.

A M. le baron L. BUTRON DE LA TORRE.

> Orphée sera le premier objet de mes chants,............,..
> .... les rochers et fleuves sont sensibles aux accents de sa voix, et les chênes de la *Piérie*, attirés par les doux sons de sa lyre, le suivent en foule sur le rivage de la *Thrace*, où ils attendent encore le pouvoir de son art enchanteur.
> APOLLONIUS,
> *L'expédition des Argonautes*, chant 1ᵉʳ.

Harmonie aux ailes de flamme !
Larme ou sourire de notre âme
Au souvenir lointain des cieux !
Pour que nous chantions tes louanges
Prête à nos voix, écho des anges !
Tes sons les plus prestigieux !...

RÉCITATIF.

De votre éloquence sublime
Nul jamais n'atteindra la cime,
Vous qu'emportait un char au fulgurant essieu...
Ta bouche, ardent cratère, ô fougueux Isaïe !
Lance en torrents de lave une âcre poésie
Que te souffle l'esprit de Dieu !
Ta voix, ô Jérémie ! austère et lamentable
Fait trembler un peuple pervers,
Sur qui plane déjà la foudre redoutable
De l'arbitre de l'univers !
Vos accents inspirés, Ezéchiel, Osée !
Elie, et toi son disciple, Elysée !
Nous poignent de douleur et de compassion ;
Nous suspendons nos luths aux saules de la rive
En gémissant avec la nation captive
Au souvenir amer de la douce Sion !

TENOR seul.

C'est toi, sainte harmonie !
C'est toi, puissant génie !
Qui tiras du chaos
Le monde à peine éclos ;
Sous le doux nom d'Orphée,
Le genre humain te doit,
Mélodieuse fée !
Son pain, ses arts, son toit :

Sa rudesse étouffée,
Ses instincts ennoblis
Et l'imposant trophée
De ses droits établis !...

TRIO.

Harmonie aux ailes de flamme !
Prête à nos voix toute ton âme
Pour chanter tes dons précieux ;
Rends dignes du concert des anges
Nos chants qui disent tes louanges,
Vierge, ô suave écho des cieux !

BARYTON seul.

Poétique Hellénie !
Ce fut sous ton beau ciel
Que d'abord l'harmonie
Distilla son pur miel.
O maîtres de la lyre,
Rhapsodes immortels !
Que le monde en délire
Plaça sur des autels,
Salut ! ô vaste Homère !
Hésiode au doux luth,
Et toi, Grèce ! leur mère,
Berceau du chant, salut !...

TRIO.

Harmonie aux ailes de flamme !
Prête à nos voix toute ton âme
Pour chanter tes dons précieux ;
Rends dignes du concert des anges
Nos chants qui disent tes louanges,
Vierge, ô suave écho des cieux !...

SOPRANO seul.

Debout sur votre socle,
Plus puissant que vos dieux,
Euripide, Sophocle !
On vous voit radieux,
Vos dieux ont disparu,
Leur gloire s'est éteinte ;
Les siècles ont couru,
La vôtre est sans atteinte.
Anacréon, Sapho !
Couple tendre et sonore,
Dans nos âmes encore
Vos chants ont un écho !...

TRIO.

Harmonie aux ailes de flamme !
Prête à nos voix toute ton âme
Pour chanter tes dons précieux ;
Rends dignes du concert des anges

Nos voix qui disent tes louanges,
Vierge, ô suave écho des cieux !...

BASSE-TAILLE seule.

Qui pourrait la nier divine,
Fille des cieux ! ton origine,
D'oreille et de cœur serait sourd ;
A toi qui fondes, civilises
Par l'attrait de tes vocalises
Nous vouons un culte d'amour !
Nous vouons aussi notre hommage
Au noble cœur, à l'esprit sage
Par qui nous nous réunissons,
O ! sœur d'Homère et d'Hésiode !
Pour propager ton divin code
Et le bienfait de tes chansons !...

CHOEUR GÉNÉRAL.

Vouons aussi tout notre hommage
Au noble cœur, à l'esprit sage
Par qui nous nous réunissons,
O ! sœur d'Homère et d'Hésiode !
Pour propager ton divin code
Et le bienfait de tes chansons !...

Château de Ramez, 23 août 1847.

LA NUIT DES ROIS.

———

> L'homme n'est pas né pour vivre seul ; la solitude pèse sur son cœur qui a besoin d'aimer et d'être aimé. Pour sortir de cet isolement, il n'a pas de compagnie plus honnête, plus consolante et plus favorisée de bénédictions divines, que le mariage.
>
> TROPLONG, *Contrat de mariage*, préf.

LA NUIT DES ROIS.

A Mr et Mme M* D*, de la Villette.

> Le bonheur est une disposition de l'âme,
> DE LANGSDORFF.

Vous venez de verser sur mon âme embrasée
Par l'haleine de plomb du Simounn qui m'étreint
Quelques pleurs fécondants de la douce rosée,
Présent que pour vous seuls le ciel n'a pas restreint...

Oh! vous les méritez cette innocente joie,
Ce bonheur du foyer dont par vous j'eus ma part,
Moi triste paria qu'à votre porte envoie
Ce que je ne veux plus appeler le hasard;

Ce que j'appelle Dieu, qui donne des jours fastes,
Des labeurs fructueux, du besoin triomphants,
Aux pères travailleurs ainsi qu'aux mères chastes
Qu'entoure un rose essaim de grâcieux enfants.

Oui, vous les méritez, car la flamme riante
De vos foyers joyeux, sonore nid d'oiseaux,
Qu'emplit de vos enfants la gaîté bégayante,
A séché mes habits alourdis par les eaux.

Car sans vous le poète échappé du naufrage,
Mordu par la froidure, eût couru le péril
D'expirer, maudissant d'une barbare plage,
L'inhospitalité, compagne de l'exil !

Sainte simplicité des mœurs patriarcales,
Expansion de cœurs hospitaliers et doux,
Des biens que Dieu vous donne offrandes amicales,
Tout ce qu'on croit perdu je l'ai trouvé chez vous !

J'ai trouvé, moi banni, moi bohême nomade,
Et mon siège et ma coupe à votre gai festin ;
Mon chagrin querelleur a battu la chamade
A la sommation de votre Chambertin !

Car mon front nébuleux facilement s'égaie,
Pour le rasseréner il suffit de bien peu...
D'un oiseau gazouilleur, d'un enfant qui bégaie,
D'un rayon de soleil, d'une aune de ciel bleu ;

Du faible bruissement d'un bois que je traverse,
Du babil d'un ruisseau, dont je cherche le sens,
D'une larme de vin que l'amitié me verse ,
Et de l'aspect des biens de ma mansarde absents !

Sachez l'apprécier cette oasis féconde ,
Ce nid tiède et moussu de vos jeunes amours ,
Contre les jours bruyants du grand désert du monde
Oh ! n'échangez jamais le calme de vos jours !

Votre prospérité n'est pas chose fragile ;
C'est le fruit de l'amour, du foyer , du travail ,
C'est celle que bénit le dieu de l'Évangile,
Le dieu du nid, du toit, du berceau, du bercail !...

Jusqu'à votre bonheur jamais la fantaisie
Ne porta , croyez-moi , son plus sublime essor ;
Je cherche , mais vous seuls avez la poésie...
A moi son strass ; à vous ses diamants , son or !

Votre douce union, couple heureux que vous êtes !
Vos prospères labeurs, votre enfant au berceau ,
Font , par delà des cieux où planent les poètes,
Comme un Tau rayonnant planer votre niveau...

Quant à moi, que ma langue impuissante et flétrie
De mon palais sans timbre assiége les parois,
Si jamais il s'efface , en mon âme attendrie ,
Le souvenir charmant de cette nuit des rois !...

La Villette, janvier 1847,

AU PRINTEMPS.

> Solvitur acris hiems gratâ vice
>   Veris et favoni,
> Trahuntque siccas machinæ carinas,
> Ac neque jàm stabulis gaudet pecus,
>   Aut arator igni,
> Nec prata canis albicant pruinis.
>   Jàm Cytherea choros ducit Venus,
>   Imminente lunâ;
> . . . .
>   Hor. od. iv.

AU PRINTEMPS.

— ——

Je te vois de nouveau paré
De soleil, de fleurs, de verdure,
Avec toi l'espoir est rentré
Dans mon âme et dans la nature ;
Mais l'espoir, gai carillonneur,
Sur le timbre usé de mon cœur,
De jour en jour éteint sa gamme...
Tandis que tes charmants concerts,
Tous les ans des bois, des prés verts
S'en viennent rajeunissant l'âme...

Sous les grands arbres, couronnés
Par toi d'onduleuses arcades,
Des oiseaux émerillonnés
Qu'elles sont douces les aubades !
Vives alouettes des blés !
Que, près de vos trilles perlés,
Les chants humains ont d'indigence !
Tendres fauvettes, gais pinçons !
De vos amoureuses chansons
Oh ! que n'ai-je l'intelligence ?

Zéphyrs, si doux au Renouveau,
Qui gazouillez dans la feuillée
Un même chant toujours nouveau
Pour notre oreille émerveillée ;
Ruisseaux dont le miroir changeant
Roule un ciel d'azur et d'argent,
Oiseaux à la voix tendre ou gaie ;
Murmure, chant, zéphyr, écho !
Vous êtes l'oratorio
Que la nature à Dieu bégaie !...

Ame des fleurs ! parfums si frais
Que l'aube enlève aux beaux calices,
Senteurs des vallons, des forêts,
Des jardins trésors et délices !
Vous montez au trône éternel !
Suave encens digne du ciel,

Qu'au pied de la Toute-Puissance
Un monde plus jeune et plus beau,
Lazare échappé du tombeau,
Exhale en sa reconnaissance...

Avril ! quand tu t'épanouis
Comme un bouquet dans sa corbeille,
De mes rêves évanouis
Avec toi renaît la merveille ;
Mais le printems du cœur humain
Hélas ! n'a pas de lendemain,
Sans retour le tems le dévore...
Toi, lorsque tu nous dis adieu,
O printemps éternel de Dieu !
C'est pour bientôt fleurir encore.

Odoriférante saison !
Ouvre-moi donc tes cassolettes,
Fais sur mon passage, à foison,
Fleurir muguets et violettes ;
Réchauffe-moi de tes soleils
Les plus doux et les plus vermeils.
Prête au poëte qui te chante
Tes frais asiles d'où je vois,
A travers leurs mobiles toits,
Le ciel vaste et bleu qui m'enchante !

De tous mes sens encor complets
Enivre la soif infinie ;
Mes yeux, de splendides reflets ;
Mes oreilles, de symphonie !
Fais babiller tous tes oiseaux,
Tes zéphyrs, tes feuilles, tes eaux,
De fleurs diamante ta robe,
Avant qu'à tes bois querelleurs,
A ton ciel, tes ruisseaux, tes fleurs,
La vieillesse ne me dérobe...

Aube de l'an et des amours !
Fais que j'aime une fois encore !
Avril ! tu reviendras toujours
Frais et brillant comme l'aurore,
Le front ceint d'odorants lilas,
Demain retrouverai-je, hélas !
Un cœur qui pour le mien s'enflamme ?
Et, dans mon cœur aride et vieux,
Un seul des rayons précieux,
Avril ! dont ton soleil est l'âme ?...

A M. Désiré **PILETTE**.

A M. Désiré PILETTE (de St-Amand),

AVOCAT A LA COUR ROYALE.

> Les hommes ont la velonté de rendre service
> jusqu'à ce qu'ils en aient le pouvoir.
> VAUVENARGUES.
>
> Souvent aux jours d'orage, aux jours de grande pluie,
> De nos amis dorés pas un seul qui ne fuie.
> ORTOLAN. *Enfantines* III, l. II.
>
> Nil habet infelix paupertas durius in se
> Quam quod ridiculos homines facit.
> JUVÉNAL, *sat.* 3, v. 152.

Sur mes jours obscurcis par la sombre misère
Quoi ! vous daignez verser un rayon de lumière !
Quoi ! sans incriminer mes travers, mes défauts,
Du besoin qui m'abat vous ébréchez la faulx !

Soyez trois fois béni ! car, en ce siècle avare,
L'égoïsme a rendu la bienfaisance rare :
L'opulence repue, hélas ! s'informe peu
Si le pauvre a du pain, un grabat et du feu...

Vous n'êtes point enfant de ce siècle égoïste ;
Confus, humilié, le front pâle, l'œil triste,
A vous vient un poète, un fou comme le croit
Maint fœtus de cerveau que loge un crâne étroit,
Et vos bras, sans frémir des haillons qui le couvrent,
Comme des bras de frère ou de vieil ami s'ouvrent,
Et cependant de moi, poète sans renom,
Hier, vous ignoriez l'existence et le nom !

Ah ! de cette action unique, noble et sainte,
Mon âme à tout jamais conservera l'empreinte ;
Vous n'avez point semé dans un ingrat terrain
D'un semblable bienfait l'indélébile grain ;
Ma verve, au lieu de fiel distillant l'ambroisie,
Adoucira pour vous sa rude poésie,
A mon nom votre nom, dans tous mes vers lié,
Vivra si le mien vit et n'est point oublié.

Vous mettre de moitié dans mon espoir de gloire,
C'est rendre, je le sais, ma dette aléatoire,
Agiter des écus, débiteur sans façon,
Pour vous donner, hélas ! non de l'or mais du son...

Mais peut-être, exalté par la reconnaissance,
Mon génie est-il prêt pour un essor immense,
Au feu de vos bienfaits soudain épanoui,
Peut-être il vous réserve un poème inouï,
Un poème, sonore et sublime fanfare,
Dont la musique, hélas! de jour en jour plus rare,
Chantera le bienfait sans morgue et sans fierté,
Et sans bassesse aussi noblement accepté !

LA SOEUR DE CHARITÉ.

———

.... Non vitæ gaudia quæro.
Virg., *En.* l. xi.

LA SOEUR DE CHARITÉ.

> Ses pieds dédaignaient le sol,
> Ses deux ailes, dans leur vol,
> Ruisselaient d'or et de flamme ;
> Son sourire ouvrait le ciel
> Et sa parole de miel
> Chantait divine en mon âme.
> *(Poésies d'un fantasque).*

Sous les sombres arceaux de cette double voûte,
A minuit, quand tout dort, moi je veille et j'écoute,
Anxieux comme un chat famélique aux aguets,
Si je n'entendrai pas glisser sur les parquets
Son pas aérien qui fait vibrer mon âme ;
Si je ne verrai pas de loin la chaste flamme

Que lance son œil noir compatissant et doux !
Astre devant lequel, si j'osais, à genoux
Je tomberais priant, comme devant la lampe
Allumée au saint lieu le chrétien prie et rampe !

La voici : Mon regard, pour la mieux épier,
Abrite son affût à l'ombre d'un pilier ;
Doux fantôme ! Son voile, immaculé symbole,
Entoure son front pur d'une blanche auréole ;
Son souffle délicat, qu'elle retient encor,
Craint d'éveiller le lit de la douleur qui dort...
Sur chaque malheureux, qu'elle nomme son frère,
Elle verse à la fois l'eau sainte et la prière.
L'ardente Charité, qui descendrait du ciel,
N'en apporterait pas de plus suave miel
Que celui que distile au moribond morose
Son regard si limpide et sa lèvre si rose !

Oui, l'orphelin, Seigneur ! oui, le pauvre, mon Dieu !
Sont tes enfants bénis, puisque ce triste lieu,
Ce lugubre palais, rempli d'échos étranges,
Resplendit des clartés du plus saint de tes anges,
Du plus doux des esprits qu'on connaisse ici-bas,
Du seul que ton beau ciel ne nous dispute pas ;
Car cet ange, aux élus inutile, la femme,
Ange de la pitié, la terre le réclame !

O toi que je niais dans mon isolement,
Principe de tout bien ! Dieu juste ! Dieu clément,
Source de la pensée ! âme de la nature !
Pour étouffer en moi jusqu'au moindre murmure,
Pour me précipiter de mon impiété
Dans l'abîme infini de ta divinité,
Il te suffit, Seigneur ! du regard d'une femme,
Creuset qui change en or le plomb vil de mon âme,
Crible où passe la haine et qui retient l'amour.
Matin avant-coureur de ton céleste jour !...

Je te confesse donc, ô Puissance suprême !
C'est par toi que je vis, que je sens et que j'aime...
Mais, sans cet ange aimé dont l'insigne douceur
Permet que, moi chétif, je l'appelle ma sœur,
Mon esprit, dévoré par le malheur acide,
Accueillerait encor le néant déicide,
Et mon âme haineuse et mon cœur plein de fiel
Comme un vain préjugé t'exileraient du ciel !...

Et vous, par qui je crois, cher ange ! chaste fille !
Qui, monde, espoir, plaisir, amour, bonheur, famille,
Avez abdiqué tout sans faste et sans orgueil
Pour nous montrer la vie au-delà du cercueil,
Et chasser aux accents de votre voix bénie
Les épouventements de la pâle agonie,

Ah ! de l'amour si pur, si frais, si dévoué,
De l'amour éternel que je vous ai voué,
Ne vous offensez pas, ô sœur candide et bonne !
C'est l'amour que l'on voue à la chaste madone
Qui, se transfigurant en étoile des cieux,
Préserve des écueils l'esquif audacieux ;
C'est le limpide amour (non des sens, mais de l'âme)
Du poète pour l'ange incarné dans la femme !

A mon ami Alexis LÉONARD, paysagiste.

> In me omnis spes est mihi.
> ***
> Faber est suæ quisque fortunæ.
> ***
> Nos talents sont nos plus sûrs et
> nos meilleurs protecteurs.
> VAUVENARGUES.

A toi, cher Léonard, mon ami, mon féal,
Le huitain d'un auteur morose et pauvre hère.
En tes humbles lambris, pour moi, palais royal,
Où tu sus me comprendre et m'accueillir en frère,
N'ai-je pas vu des arts un adepte sincère ?
Ah ! poursuis tes travaux ! sur mon cœur et ma foi
Rien ne te manque, ami, pour fournir ta carrière...
Dans la foule aujourd'hui, demain tu seras roi !

# CHANT DE LA FRONTIÈRE.

> . . . . . . Spoliatis arma supersunt.
> JUVÉNAL, *Sat.* VIII, v. 123.

CHANT DE LA FRONTIÈRE A PARIS.

> Tu règnes cependant sur un siècle qui t'aime,
> Liberté ! tu n'as rien à craindre que toi-même.
> LAMARTINE, *Méditation* xx.

Paris ! Paris ! fournaise intelligente
D'où se répand sur tous la liberté,
Paris ! Paris ! qui jettes l'épouvante
Au cœur des rois quand frémit ta cité ;
Brave Paris ! Spartacus dont tressaille
Le monde entier par toi régénéré,
Accepte-nous comme champ de bataille
Si notre sol cessait d'être sacré !

L'Europe enfin va comprendre, l'esclave !
De quels rayons vous étiez échauffés
Quand sous les flots brûlants de votre lave
Elle saura nos tyrans étouffés !
Dignes enfans de pères héroïques,
Votre présent vaut leur passé si beau...
Vous nous rouvrez l'ère des républiques ;
De votre sang vous teignez leur drapeau !

Oui, Parisiens ! la moribonde Europe
Va secouer sa torpeur et les fers
Dont le réseau politique enveloppe
Ses fils, martyrs de despotes pervers !
De votre sang la généreuse ondée
De l'esclavage efface enfin l'affront ;
L'homme renait libre ainsi que l'idée
Et vers le ciel lève son noble front !

Paris ! Paris ! ô tête ! bras ! cœur ! âme
De l'univers qui de ton pouls battra,
Blasonne-lui quelque sainte oriflamme
Un Labarum que, pieux, il suivra !
Nous nous joindrons, ô magnanimes frères !
A vos efforts contre tous les dangers :
A vous Paris, mais à nous les frontières ;
A vous les rois, à nous les étrangers !...

Valenciennes, 27 février 1848.

RÉSURRECTION.

Liber et ingenuus sum natus utroque parente
Semper ero liber, credo, tuente Deo.
GRIMOALD, *duc de Bénévent.*

RESURRECTION.

> La France est le cerveau et le cœur du monde ; si la France disparaissait, le soleil moral s'éclipserait de l'univers ; les progrès de cette grande nation sont les progrès de l'humanité.
>
> De Genoude.
> *Étoile de France,* 22 septembre 1828.

Noble France ! ainsi que Lazare
Qui sort rajeuni du tombeau,
Tu renais secouant la tare
Du linceul qui fut ton drapeau !
    Ton Christ, la République,
A la tombe arrache ta relique.

Noble France ! une tourbe immonde
De pervers et d'ambitieux
Te montrait aux regards du monde
Morte à tous sentimens pieux.
   Ton Christ, la République,
A la tombe arrache ta relique.

Noble France ! désespérée
De ta langueur, l'Europe hélas !
Disait : pâle et froide contrée !
Ne te réveilleras-tu pas ?
   Ton Christ, la République,
A la tombe arrache ta relique !

Noble France ! ton auréole,
Dont on éteignait les rayons,
Plus vif et chaleureux symbole,
Illumine les nations !
   Ton Christ, la République,
A la tombe arrache ta relique !

Noble France ! dans ton histoire
Les esclaves épéleront
Comme on venge son territoire
D'un lâche et séculaire affront !
   Ton Christ, la République,
A la tombe arrache ta relique !

Noble France ! enfin sans vergogne
Tu peux relever un front fier,
Et dire à ta sœur, la Pologne :
« Debout ; toi la morte d'hier !
   « Ton Christ, la République,
A la tombe arrache ta relique !

Valenciennes, 28 février 1848.

A Mme HALLEY,

JOUANT *MARIE - JEANNE.*

———

> La femme est toute puissante par
> sa faiblesse.
> L. BLANC.

O Marie-Jeanne-Halley ! tu remuerais des pierres
Avec ta voix de l'âme et tes pleurs maternels !
Qu'hier, tu fis rougir et gonfler de paupières !
Que pour nous tes malheurs fictifs étaient réels !

Tour à tour agneau tendre et terrible lionne,
Tu gémis comme l'un ; comme l'autre rugis...
L'astre de ton talent sur ce drame rayonne,
L'horizon des douleurs, Halley ! tu l'élargis !

Dis : lorsque fut conçu ce pathétique drame,
Son auteur avait-il de ton cœur, de ton âme,
De ton art protéen quelques pressentiments ?

Pour qu'il comprît si bien et la mère et la femme,
Lui dévoilâtes-vous, confessez-le, Madame !
De la maternité la joie et les tourmens !

A LA MÊME,

JOUANT MARIE-JEANNE ET LUCRÈCE.

O de l'art dramatique Armide enchanteresse !
Quel prisme tu fais luire à nos yeux éblouis
Au seuil d'un hôpital quand tu t'évanouis,
Pauvre épouse aux abois, pauvre mère en détresse !

Puis quand, de tes sanglots tout sanglotants encor
Tu surgis devant nous, ô Lucrèce inspirée !
De ta prochaine mort déjà pâle et marbrée
Pythonisse achaïque, ou latine, ou d'Endor...

Heureux ! qu'il est heureux ! victorieuse athlète !
L'auteur dont tu te fais l'éloquente interprète ;
Tu tires de l'oubli ses œuvres et son nom...

Je n'ai point ce bonheur, mais je puis, moi poète,
Forcer ma voix, longtemps satirique ou muette,
A te louer, *Soleil dont je suis le Memnon !*

L'ORAISON DOMINICALE.

> Il y a toujours des vents brûlants qui passent sur l'âme de l'homme et la dessèchent; la prière est la rosée qui la rafraîchit.
> LAMENNAIS, *Paroles d'un Croyant.*

Notre père céleste, éternel infini !
Que de tout l'univers ton saint nom soit béni.
Qu'il arrive ton règne, et que ta loi sacrée,
Comme au ciel, ici-bas, soit toujours vénérée.
Donne-nous notre pain quotidien aujourd'hui,
Grâce pour nous, Seigneur ! qui gracions autrui !
Qui de cœur pardonnons à qui nous fit offense !
Dans la tentation, faibles et sans défense,
Ne nous fais pas tomber... mais de Satan subtil,
Mais du mal sauve-nous, Seigneur ! ainsi soit-il !

LA SALUTATION ANGÉLIQUE.

Salut ! pleine de grâce et des célestes flammes,
Marie ! ô la bénie entre toutes les femmes !
Vierge-mère de Dieu ! dont le fruit trois fois saint
Est béni des mortels comme ton chaste sein.
Fraîche rose incarnée ! indulgente madonne !
A nous, pauvre pêcheurs ! fais que ton fils pardonne ;
Pour nous prie aujourd'hui, pour nous, surtout encor
A l'heure où tintera le glas de notre mort !...

CONSOLATIONS POUR TOUS.

Salus tua ego sum.
Pseaume 34.

CONSOLATIONS POUR TOUS.

Dédiées à MM. T. MANCHWIEZ et A. LEWICKI, réfugiés polonais.

Sperate miseri.
***
Post nubila Phœbus.
***
Post hiemem sequitur œstas post noctem redit dies, et post tempestatem serenitas magna.
Imit. ch. VIII, liv. 2.

Mais loin de moi ces temps ! que l'oubli les dévore !
Ce qui n'est plus pour l'homme a-t-il jamais été ?
Quelques jours sont perdus ; mais le bonheur encore
Peut fleurir sous mes yeux comme une fleur d'été.
LAMARTINE, *Méditation* XIV.

O parias de la famille humaine !
Vous que le Christ a chéris et bénis ;
Vous des tyrans la risée et la haine,
Consolez-vous : vos malheurs sont finis !

Consolez-vous, vieillards cassés par l'âge,
Veuve, orphelin, pauvre sans feu ni lieu ;
Consolez-vous, travailleurs sans ouvrage...
Sur vous enfin resplendit l'œil de Dieu !

Consolez-vous, ô foule misérable !
Filles, enfants, dévorés jusqu'ici
Par la luxure impie, inexorable,
Par l'embaucheur, vampire sans merci !
Consolez-vous, mères ! d'être fécondes ;
Vos fils auront le pain, l'eau, le ciel bleu ;
La chasteté, l'honneur, vos filles blondes...
Sur vos enfants resplendit l'œil de Dieu !

Consolez-vous, exilés ! dont la France
Nourrit l'espoir, le courage et la faim ;
Elle a sonné l'heure de délivrance :
Entendez-vous retentir son tocsin ?
Brave Italie ! et Pologne héroïque !
Tout cœur pour vous et toute âme est de feu,
Fils adoptés par notre République,
Frères ! sur vous resplendit l'œil de Dieu !

Consolez-vous, oppresseurs ! race altière !
Que, d'un revers de sa robuste main,
Le peuple-roi couche dans la poussière,
Sans le malheur vous n'auriez rien d'humain...

Vainqueur clément d'un rapace autocrate,
De son trépas a-t-il émis le vœu ?
Non. Que prétend ce multiple Erostrate ?
La liberté sous les regards de Dieu !

Consolez-vous, trinité noble et sainte !
Penseurs profonds, chantres mélodieux,
Maîtres de l'art, martyrs noyés d'absinthe
Pendant la vie... au tombeau presque dieux !
Votre soleil, si pâle à son aurore,
Sur vous rayonne en couronne de feu,
Aveugle-né qui le nie ou l'ignore...
Car ses rayons sont les regards de Dieu !

Consolez-vous, criminelles phalanges !
Lutteurs vaincus par la société :
Contre elle, ainsi que contre Dieu les anges,
Pour se briser votre orgueil s'est heurté !
Mais le remords cesse d'être stérile,
Dites au crime un éternel adieu...
On peut laver votre robe virile ;
Sur vous aussi resplendit l'œil de Dieu !

Deshérités de la grande famille !
Vous qui pleurez dans la faim, dans les fers ;
Vous qui suez sous un ciel qui vous grille,
Que fouette et mord le givre des hivers ;

Consolez-vous, peuple opprimé, la veille ;
Libre, aujourd'hui ; tourbe, hier sans aveu...
La liberté d'une mère a l'oreille,
La République est pour vous l'œil de Dieu !

Valenciennes, 19 mars 1848.

ÉPITAPHE

DE MON FRÈRE VINCENT TRICOT.

Citò vixit, citiùs obiit.

Dilectissimo. Fratri.
VINCENT TRICOT.
Repentinâ. oppresso. morte.
nocte. martialis. mensis. decimâ. nonâ. 1848.
quinquagesimum. annum. peragenti.

Si nul cœur, ici-bas, nul, excepté le mien,
Cœur de candide enfant, cœur aimant de poète,
Ne vibra, sympathique, à l'unisson du tien,
Cesse d'en murmurer, ô chère ombre inquiète !
Sur cette terre hélas ! tu passas incompris...
L'homme est un juge inique, aveugle, téméraire !
Offre ton âme en peine à Dieu qui t'a repris...
Plus en père qu'en juge il l'accueillera, frère !

Valenciennes, 20 mars 1848.

LE RAT D'ÉGOUT

POLITIQUE ET LITTÉRAIRE.

Scire volunt secreta domûs, atque indè timeri.
JUVÉNAL, *Sat.* III, v. 115.
. . . . Insidieux serpent,
Dans le secret des cœurs, il se glisse en rampant,
Et c'est par là bientôt qu'il sait se faire craindre.
Trad. de L. V. RAOUL.

LE RAT D'ÉGOUT

POLITIQUE ET LITTÉRAIRE.

> L'allégorie habite un palais diaphane.
> Lemière.

Un rat d'égout, sale et fétide,
En grignotant philosophait ;
L'animal hideux mais candide
Disait : « Dieu fait bien ce qu'il fait !
« Grâce à lui, cuirassé de fange,
« Aux gens propres je fais horreur ;
« Pour m'éviter on se dérange,
« Ma sûreté c'est ma laideur.

« A mon approche, je m'en flatte,
« On bouche ses yeux et son nez ;
« Les traits que griffonne ma patte
« Sont des zigs-zags empoisonnés.
« Tranquille à l'abri de mon antre,
« A l'abri de ma lâcheté,
« J'emprunte mon lard et mon ventre
« Au malheur que j'ai suscité.

« Je sais, ayant de maints jésuites
« Rongé les bouquins de hasard,
« Que la calomnie a des suites
« Dont s'applaudit fort Escobar ;
« Aussi qu'un pauvre misérable
« Injustement soit méprisé,
« Moi j'affirme qu'il est coupable
« Et je condamne l'accusé.

« Rat littéraire et politique,
« En fait d'histoire, en fait de goût,
« Et ma science et ma critique
« Sentent le cru de mon égoût.
« J'ai fait jadis un vaudeville
« D'un blanc de lys *nec plus ultrà*,
« Mais une cabale incivile
« De rats libéraux le siffla !

« Je puis le dire sans réclame,
« Mon mufle grêlé, sépulcral,
« Est bien l'image de mon âme,
« Le symbole de mon moral ;
« Dans les réactions je sème
« L'erreur, les haines sur mes pas ;
« Thersite prudent, ce que j'aime
« C'est la guerre... où je ne suis pas.

« J'ai dîné de Louis-Philippe,
« (J'avais déjeuné des Bourbons),
« Le peuple aujourd'hui s'émancipe.
« Fi ! ses mets sont nauséabonds !
« Comme un caméléon je passe
« Du rouge au bleu, du blanc au noir ;
« Je mords l'honnête homme en disgrâce,
« Je lèche un coquin au pouvoir !

« Rat pédant, ma faconde ignoble
« Excelle aux rapports de mouchard ;
« Qu'on brûle blé, chaume ou vignoble
« C'est le fait du peuple pillard ;
« Le peuple est la bête de somme
« De l'opulente iniquité...
« Frappe, dit-on, je crie : assomme
« Ce vieux lion tout éreinté !

« L'office du riche est l'auberge
« Où mon appetit de requin
« De mets délicats se goberge
« Loin du brouet républicain... »
Ainsi parlait l'infecte bête,
Plus immonde encor que son trou,
Lorsque, lui sautant sur la tête,
Un chat vint lui tordre le cou.

Après sa mort, l'académie,
Dont il fut pour son charabia,
Voulut conserver sa momie :
Crâne, fémur, cœur, tibia...
Mais qui fut penaud? J'imagine
Que c'est le docte disséqueur
Qui trouva, fouillant sa poitrine...
Néant à la place du cœur!...

Valenciennes, août 1848.

ÉPIGRAMME

Adressée, avec de vieux souliers tout sordides, à Frédéric LEMAITRE.

Cave ne titubes.
Hor. *ép.* xiii.
..... C'est un droit qu'on acquiert en naissant,
Et rire l'un de l'autre est fort divertissant.
REGNARD.

A bon droit, Frédéric ! on te nomme Lemaître !
Tu dames le pion à Ligier, à Geoffroy ;
Le Théâtre français par toi seul peut renaître ;
Il te réclame, il veut son légitime roi !
Kean, Ruy-Blas, Ravenswood, triste, gai, tendre, austère,
Tu conquiers les bravos et les cœurs par milliers...
Pour être en tout parfait, chausse donc, ô Macaire !
Les débris éloquents de mes défunts souliers !...

SUR UN ALBUM.

> Adieu méditations célestes ! noble
> philosophie ! j'ai vu Justina...
> CALDÉRON.
>
> Nil meliús muliere boná.
> *Epitaphe d'Héloïse.*

Tracer sur l'ordre d'une belle
Quelques lignes sur le vélin,
La coutume n'est pas nouvelle,
S'y conformer n'est pas malin...
Mais dire qu'on a le cœur plein
Du charme qui réside en elle,
Quand on sait qu'elle a l'esprit fin,
L'âme à l'amour la plus cruelle,

L'esprit à la malice enclin...
La tâche devient plus rebelle ;
On peut y perdre son latin,
S'embrouiller dans la kyrielle
De ses perfections sans fin,
Et rester court sous sa prunelle
Qui vous fascine, en vrai lutin.

Jalouse de votre œil divin,
Dût ma muse m'être infidèle,
J'obéirai pourtant à celle
Dont le regard fait mon destin !
Car je suis le pauvre pantin,
Le docile polichinelle,
Dont vous tenez chaque ficelle,
Madame ! en votre blanche main...

A LA MÉMOIRE DE ROBERT BLUM.

(DU PARLEMENT DE FRANCFORT.)

> L'émancipation psychique de l'humanité a coûté le sang d'un dieu! Son émancipation matérielle exigera peut-être des flots de sang humain dont l'*Egoïsme* aura la terrible responsabilité.... Tant il est vrai qu'ici-bas, toute conquête et toute jouissance physiques ou morales veulent être achetées par un sacrifice proportionné à leur importance.
> UN RÉVOLUTIONNAIRE CHRÉTIEN.

Vengeance! Liberté! Gloire, Vertu! Patrie!
Ces voix, que les tyrans ne peuvent étouffer,
Ne vous demandent pas des discours, mais du fer...
En voilà : prenez donc, armez-vous ; que la terre
Du sang de ses bourreaux enfin se désaltère !
Si le glaive jamais tremblait dans votre main,
Souvenez-vous d'hier et songez à demain...
Pour confondre le lâche et raffermir les braves
Le seul bruit de leurs fers suffit à des esclaves.
. . . . Le martyre est le sort le plus beau
Quand la Liberté plane au-dessus d'un tombeau !...
LAMARTINE.

A ROBERT BLUM,

MORT ASSASSINÉ POUR AVOIR DÉFENDU LA CAUSE DU PEUPLE.

Hymne funèbre, traduit de l'allemand, de Freiligrath.

> Quantus tremor est futurus,
> Quando Judex est venturus,
> Cuncta strictè discussurus !
> FORTUNAT.
>
> Les rois sont, dans l'ordre moral, ce que sont les monstres dans l'ordre physique.
>
> Justum et tenacem propositi virum...
> Non vultus instantis tyranni
> . . . .
> Mente quatit solidâ...
> HOR.

I.

Dans Cologne (ce siècle avait six fois un an),
Bercé sur les genoux de sa mère, un enfant
Vagissait de sa voix forte de huit aurores ;
Enfant d'un tonnelier, d'un prolétaire obscur ;
Enfant au vaste front, aux prunelles d'azur,
      Aux poumons larges et sonores.

II.

Sa jeune et fraîche voix eut pour joyeux échos
Le cœur plein de son père et ses vides tonneaux ;
Alors entre ses bras, fière, ivre d'allégresse,
Sa mère le pressant, entonna du vieux Rhin
De Cologne à son fils maint doux et gai refrain,
  Lui souriant avec tendresse.

III.

Dans la même Cologne, aujourd'hui c'est, hélas !
La bise de l'hiver qui siffle ; c'est le glas
Des cloches dont l'oreille est tristement frappée :
C'est l'orgue, aux longs soupirs lugubres, entonnant
Pour cet enfant d'alors, cadavre maintenant !
  La sépulcrale mélopée...

IV.

Car ta mère n'est pas, ô martyr, notre orgueil !
La seule qui gémit... Tout est angoisse et deuil
Dans Cologne aux abois, et la cité rhénane,
D'une voix mâle et sombre, à la mère du mort
Dit : « Femme aux cheveux gris, garde un cœur calme et fort ;
  « Le désespoir, Dieu le condamne.

V.

« Verse aux pieds de ce Dieu les flots de ta douleur,
« Ne désespère pas ; sois grande en ton malheur.
« Moi Cologne, je suis ainsi que toi sa mère ;

« Une autre femme illustre et flamboyante aussi :
« La Révolution, Némésis sans merci
   Pour les tyrans, race éphémère...

VI.

« Demeure donc en paix, femme du tonnelier
Assise dans l'attente à ton humble foyer,
« A moi de m'émouvoir, tout entière, unanime,
« Révolutionnaire... afin que ton enfant
« Soit, jusque dans la mort, splendide et triomphant ;
   « Qu'il ait un *Requiem* sublime. »

VII.

Cologne a dit : Soudain l'orgue tempétueux,
Lance son ouragan grave, majestueux,
Aux voûtes de l'antique et vaste cathédrale ;
Le tabernacle saint de crêpes est voilé ;
Dans le temple, Thabor de cierges étoilé,
   L'encens fume et monte en spirale.

VIII.

Du grand maître New-Komm l'harmonie à grands flots,
En soupirs surhumains, en célestes sanglots,
Sur les chrétiens priant tombe et se précipite ;
A ces sublimes sons, à ces accords pieux,
D'irrésistibles pleurs coulent de tous les yeux,
   Tout cœur saigne, gonfle et palpite.

IX.

Il faut (ainsi le veut la cité, son berceau),
Au fils du tonnelier qu'un empereur bourreau
A fait assassiner par ses valets, à Vienne,
Il faut au prolétaire, au cœur droit, au bras fort,
Qui sut frayer sa route au forum de Francfort,
  Des honneurs dont on se souvienne...

X.

Qu'il dût, pour s'élever à ce suprême rang,
Haleter, pionnier rude et persévérant
Sur cette route ardue, escarpée et glissante !
Du but qu'il dévorait devenu le vainqueur,
Il s'en saisit en homme et de bien et de cœur,
  En tribun à l'âme puissante.

XI.

Que ne tirez-vous donc vos glaives, ô vous tous
Qui devant Dieu pleurez et priez à genoux !
Et vous, tuyaux d'étain de l'orgue magistrale,
Du dernier jugement, à cet impur ramas
D'infâmes égorgeurs, que ne sonnez-vous pas
  La sentence à jamais fatale ?...

XII.

Ils l'ont assassiné, ces bourreaux, ces bandits !
Aux champs *Brigittiniens*, champs désormais maudits,
Où, sans peur, le martyr s'agenouilla dans l'herbe !

Aux larmes du matin son pur sang se mêla ;
Pas un soupir, un cri de lui ne s'exhala :
    Il s'affaissa digne et superbe !

XIII.

Oui, frères ! A cette heure, à huit jours de ce jour,
Deux balles ont troué du héros, notre amour,
Du tribun, notre élu, la robuste poitrine...
Une autre lui brisa le crâne, fracassant
De ce cerveau penseur le rouage puissant,
    Annihilant l'œuvre divine...

XIV.

Grâce au meurtre du plomb, il dort *tranquille* enfin,
Attendant le rayon vengeur du jour divin,
Dans l'ombre et le silence, hôteliers de la tombe...
O frères ! chantez donc, pour bercer son sommeil,
Chantez un *Requiem* inouï, sans pareil,
    Au frère aimé qui pour nous tombe !...

XV.

Lui mort, il a conquis ce que nous n'avons pas :
Le repos... Nous léguant les soucis, les combats,
La lutte universelle aux angoisses sans nombre...
Mais voici qu'au milieu des chrétiens gémissants,
Frères ! j'entendis, moi, de mystiques accents
    Dont s'illumina mon cœur sombre.

XVI.

Ces accents, à travers les mélodiques flots,
Murmuraient : « Que ce jour d'angoisse et de sanglots
« Soit un jour d'espérance et non pas de blasphême ;
« Vois cet orgue là-haut ; un jour, il rugira
« La vengeance et la guerre, et le glaive armera
   « Jusqu'aux bras de ces chanteurs même.

XVII.

« Car ce temps est un temps prédestiné par Dieu
« Aux luttes sans merci, sans relâche, en tout lieu,
« Entre les nations et les rois leurs vampires ;
« O BLUM ! ce *Requiem* à ton intention
« N'est la vengeance encor ni l'expiation
   « De tant d'homicides empires !...

XVIII.

« Mais patience !... un jour qui bientôt brillera,
« LA GRANDE VENGERESSE altérée, éteindra,
« Dans les pleurs de leurs yeux, dans le sang de leurs veines,
« La soif qu'elle a du sang de ces brigands impurs !
« Frappant, frappant sans cesse, à grands coups, à coups sûrs,
   « Inassouvissable en ses haines !...

XIX.

« D'évoquer ce Typhon vengeur qu'est-il besoin ?
« Hier, aujourd'hui, demain, n'en prennent-ils pas soin ?
« Tremblez, rois-boucaniers, sans âme et sans entrailles,

« Qui lâchez vos limiers sur le peuple innocent !
« Oui, tremblez et priez... car le sang veut du sang,
  « Les obsèques des funérailles !...

XX.

« Tout s'accomplira donc ; ainsi soit-il !... Alors,
« D'un autre *requiem* nous saluerons nos morts,
« Nos illustres martyrs... Malheur à tout bras rouge
« Du sang des innocents ! malheur aux assassins !
« Malheur aux scélérats dont les cœurs et les seins
  « N'ont rien qui vibre, rien qui bouge !...

XXI.

« Dans Cologne (ce siècle avait six fois un an),
« Bercé sur les genoux de sa mère, un enfant
« Vagissait de sa voix, forte de huit aurores ;
« Dans Cologne, à huit jours de ce jour, ô forfait !
« Tout sanglant sur le sable, il gisait, homme fait,
  « Cet enfant aux poumons sonores !...

A MES FRÈRES, AUX TRAVAILLEURS.

> Vade ad formicam, ô piger, et considera vias ejus et disce sapientiam.
> *Proverbes de Salomon.* Ch. VI, v. 6.

> C'est nous qui sommes pauvres, c'est nous qui devons être fiers.
> Alph. Karr.

A MES FRÈRES, AUX TRAVAILLEURS.

PALINODIE.

En m'honorant du nom de ton poète,
Tes insulteurs, peuple! ont cru m'insulter;
Trop rude et franc, mon vers qui te reflète,
Comme un remords vient les inquiéter.
Aux gais festins de ces Sardanapales
Chante qui veut les amours et le vin...
J'évoque, moi, spectres maigres et pâles :
Peuple vengeur! ma souffrance et ta faim!

Assez et trop, j'en rougis jusqu'aux tempes,
Moi, plébéïen sans pain, sans feu ni lieu,
J'ai mis Watteau galamment en estampes,
J'ai, quoiqu'à jeûn, parodié Chaulieu ;
Mais, révolté, je change de symbole :
L'or des heureux n'aura plus mon refrain ;
Mieux vaut chanter notre commune obole,
Peuple vengeur ! ma souffrance et ta faim !

A l'égoïsme, insolent Sybarite,
J'étale donc le Lazare en oubli ;
Ce cauchemar l'épouvante et l'irrite,
Son lit de rose a maintenant un pli.
Je ne suis plus Panard, mais Archiloque ;
Mes muses sont, à moi, morne devin,
Deux spectres, nus sous une même loque :
Peuple vengeur ! ma souffrance et ta faim !

Aussi vois-les, ces repus gras et lâches,
Nous maculer de leur propre noirceur :
« Nous sommes gens de poignards et de haches ;
« Toi, le bourreau, peuple ! moi, l'aiguiseur ! »
Consolons-nous d'ineptes calomnies,
Nous nous sentons purs de tout sang humain ;
Dieu, d'un regard, finit nos agonies :
Peuple vengeur ! ma souffrance et ta faim !

Ils m'ont sacré de ta sainte auréole,
Peuple ! en croyant me forger un carcan ;
Ouvre-moi donc ton cœur et ton école,
Toi, le pipeau, la lyre, le volcan !
Embrasse, en moi, ton frère et ton poète ;
Par le *travail* nous serons rois, demain !
Demain, à toi mes fleurs, mes chants de fête !
Demain, pour nous, ni souffrance, ni faim !

APPEL A LA MONTAGNE.

Nous avons poussé loin le scrupule du devoir littéraire en publiant toutes les poésies laissées à notre discrétion par Tricot mourant. Qu'il nous soit permis, cependant, de protester contre cet appel passionné qui ressemble à un écho des sauvages déclamations de la Montagne de 93, et de répudier toute complicité, même la plus lointaine, dans des idées qu'à une époque de notre histoire un fougueux démagogue formulait en ces termes, dans les fiévreuses séances de la Convention :

« Il faut que l'univers soit affranchi ; dût se renouveler la fable ou
« l'histoire du déluge, la liberté fût-elle réduite à se construire, pour
« nourrir ses enfants, une nouvelle arche, la liberté sera sauvée,
« son règne universel s'établira ; la paix plantera son olivier, il croî-
« tra, et ses rameaux ombrageront de leurs ombres bienfaisantes le
« monde entier. »

Delalande. Convention nationale, séance du 15 pluviôse, an II.

Note de l'éditeur. R. Didiez.

APPEL A LA MONTAGNE.

> 71. Il se mit alors à faire des serments exécrables et à dire en jurant : « Je ne connais point l'homme dont vous me parlez. »
> 72. Aussitôt le coq chanta pour la seconde fois. Et Pierre se ressouvint de la parole que Jésus lui avait dite : « Avant que le coq ait chanté deux fois vous me renoncerez trois fois. » Et il se mit à pleurer.
> MARC. T. de la *Vulgate*.
>
> Non tu n'es pas Brutus !....
> VOLT.

Quoi ! vaillants citoyens dont les mâles vertus
Au peuple émancipé promettaient des Brutus,
  Ames hautes et braves !
Un revers vous abat, et, sous un drapeau blanc
Qu'agite un parti veule, hier encor tremblant,
  Vous rampez en esclaves !

Quoi ! parce que la lutte, aléatoire encor,
N'a pas transfiguré la *Montagne* en Thabor
   Justement à votre heure,
Vous qui vous proclamiez des hommes résolus,
Vous voilà comme si vous n'étiez déjà plus ?
   Pour la France quel leurre !...

Vous disiez, cependant, que par vous l'univers
Réveillé secouerait et briserait ses fers
   Jusqu'à la moindre maille,
Que le souffle vengeur exhalé par vos voix
De leurs trônes brisés emporterait les rois
   Comme le vent, la paille ;

Vous disiez que, pareils aux apôtres chrétiens,
N'ayant qu'amour et foi pour guides, pour soutiens,
   Vers la liberté sainte
Vous marcheriez, menant les peuples sur vos pas,
Dussent les ignorants, dussent les renégats
   Vous abreuver d'absinthe,

Dussent aveugles, sourds, scribes, pharisiens,
Egoïstes, poltrons, riches, Malthusiens,
   Meute âpre à la curée,
Dussent même ceux-là qui plus tard nous devront
La liberté, meurtrir et rougir votre front
   D'une épine acérée ;

Dussiez-vous, méconnus, outragés et haïs,
Comme Jésus, vendus, comme Jésus, trahis
   Par un Iscariote,
Expier par les fers, les tortures, la mort
Vos combats pour le faible opprimé par le fort,
   Votre amour de l'Ilote!

Ces sonores discours étaient-ils donc menteurs?
Ces défis aux tyrans des phrases de rhéteurs?
   Dites, ô démocrates?
Pour qu'aux sourcils froncés de sabreurs fanfarons,
Vous, si braves hier, vous abaissiez, poltrons,
   Des âmes renégates?

De l'Europe aux abois, ah! vous trompez l'espoir!
Sans avoir combattu de l'aube jusqu'au soir
   Vous cédez aux vandales,
Pour que par eux il gise aride et dévasté,
Le terrain que devait couvrir la liberté
   D'ombres pyramidales.

Cette vierge oasis vous leur abandonnez
A ces bandits, du peuple ennemis acharnés,
   Dont la rage superbe
De l'arbuste en bourgeons va nourrir ses chevaux
Et des gazons du sol sous leurs pesants sabots
   Ecraser la jeune herbe!

Vous vous vantiez d'un cœur ferme et haut comme un roc,
Et voici, Montagnards, qu'au plus infime choc,
  Au plus léger encombre,
Ce cœur viril mollit comme un cœur féminin,
Et qu'un parti géant va n'être plus qu'un nain,
  Le vain rêve d'une ombre !

Ah ! si vous n'aviez cru qu'à des combats d'enfants
Dont on sort à son gré, reposés, triomphants
  Sans luttes violentes,
On pourrait concevoir ce vertige de peur
Qui frappe d'impuissante et honteuse stupeur
  Vos âmes chancelantes !

Mais non ; vous saviez trop que l'Idée, ici-bas,
Sans martyrs généreux ne se propage pas.
  N'aviez-vous donc en elle
Ainsi qu'en l'avenir, esclave de sa loi,
Qu'une débile, obscure et chancelante foi
  Que n'enflamme aucun zèle ?

Si tremblent les béliers que fera le troupeau ?
Montagne, que feront tes soldats sans drapeau
  Epars dans la campagne ?
Donc, plus forte en ta foi, ressuscite, et soudain
Le peuple sur tes pas franchira le Jourdain...
  Ressuscite, ô Montagne !

Que dis-je? Ressuscite... Ah! tu n'as pu mourir;
Laisse encor quelque temps l'Egoïsme flétrir
   Ta juste et sainte cause,
Il répondra, le peuple, aux mépris insolents
Et des Thersistes bleus et des Thersistes blancs
   Par ton apothéose !

L'avenir est à toi si tu sais le saisir,
Si la peur du présent ne te fait plus transir
   Comme une femmelette ;
Si, reprenant ton calme énergique, tu veux
Régénérer ton cœur dans le cœur généreux
   Du peuple ton athlète.

A l'aspect des bourreaux qui flagellaient le Christ,
Pierre, l'apôtre saint, renia le proscrit
   Par un serment infâme,
Mais l'âpre chant du coq, mais un regard divin
Du remords en son âme assoupi, presqu'éteint
   Avivèrent la flamme...

Et dix-huit siècles clos, la céleste clarté
De cette flamme encor luit sur l'humanité
   Ainsi qu'un phare immense,
Et le remords de Pierre, après dix-huit cents ans,
Est encore un soleil aux rayons bienfaisants
   Bien qu'à sa décadence !

Toi qui, comme saint Pierre, ô Montagne! as bronché,
Imite son remords ainsi que son péché;
      L'Europe à l'agonie
Tourne des yeux mourants vers son libérateur...
Opte pour être riche en gloire ou sans honneur;
      Ou maudite, ou bénie!

Choisis; décide-toi, tu portes en ton flanc
La foudre et les éclairs d'un lumineux volcan...
      Vas-tu tenir esclaves
Tes tonnerres vengeurs, tes fulgurants éclairs
Qui peuvent dévorer l'infection des airs,
      Tes fécondantes laves?...

Tu ne commettras point si basse lâcheté...
Ce serait un forfait contre l'humanité
      A l'égoïsme en proie.
A ton tour d'éclairer le monde universel,
D'être lave ici-bas, d'être la foudre au ciel;
      Rugis! tonne! foudroie!

Sur le monde épuré tu brilleras alors,
Ainsi que de l'apôtre a brillé le remords,
      Sans rival, sans nuage;
Et, de tes feux vengeurs désarmée à jamais,
Tu seras, ô Montagne! un symbole de paix
      Sous un ciel veuf d'orage!

                  Valenciennes, 17-18 juin 1849.

ÉPITHALAME.

Tout mortel doit ici paraître
On ne peut naître
Que pour mourir.
De cent maux le trépas nous délivre ;
Qui cherche à vivre,
Cherche à souffrir ;
Plaintes, cris, larmes,
Tout est sans armes
Contre le sort.
. . . .
Est-on sage
De fuir ce passage ?
C'est un orage
Qui mène au port.
QUINAULT.

ÉPITHALAME.

> Oh ! viens ! mes bras sont nus, ma paupière étincelle,
> Mon cœur s'ouvre à jamais, et pourtant je suis celle
> Qui ne donne qu'un seul baiser !
> Théod^{re} DE BANVILLE.

1.

J'avais juré pourtant que jamais je n'aurais
Tourné vers toi mes vœux, ô grande Messaline !
Tout ce qu'on m'avait dit de ta beauté divine,
De tes regards profonds aux étranges attraits,
De ton front nuageux, lys fané qui s'incline,
  De ta couronne de cyprès ;

II.

Tout ce qu'on m'avait dit de ton grand air de reine,
De ton œil sombre et fixe, et de la volupté
Qui réside en ta morne et fière majesté,
M'inspirait moins d'amour que de peur et de haine...
Et je te maudissais, toi de l'humanité
      La tarentule et la sirène !

III.

Qu'à ma couche d'enfant elle apprêtait, le soir,
D'inquiète insomnie et de brûlante fièvre,
Quand, mariant sa voix tremblottante de chèvre
Au *brou* de son rouet et de son vieux chat noir,
Ma nourrice contait d'une poltronne lèvre,
      Blême et sinistre à voir :

IV.

Comme quoi ta luxure incessamment vorace
Aux riches des palais, aux pauvres des chemins,
Tendait ses bras nerveux au troupeau des humains ;
Comme quoi, de ceux-ci courtisane enfin lasse,
Dans un âcre baiser, philtre d'impurs venins,
      Tu mordis le Christ à la face !

V.

Comme quoi, pour les uns plus douces que le miel,
Tes lèvres distillaient d'ineffables délices ;
Aux autres attisant de corrodants supplices,

Offraient un vase plein d'aconit et de fiel ;
Et, du bien et du mal tour à tour les complices,
  Creusaient l'enfer, ouvraient le ciel !...

VI.

Enfant, je n'avais donc, ô femme aux dents d'opale !
Qu'horreur et que dégoût pour tes grands yeux béants,
Pour ta démarche raide et les longs voiles blancs ;
Pour les traits beaux mais durs de ton visage pâle ;
Pour tes amours profonds comme des océans ;
  Pour ton cœur de Sardanapale.

VII.

Plus tard... je t'oubliai. Sous les verts arbrisseaux,
Dans les jardins fleuris de mon adolescence,
Gais ménestrels éclos de l'œuf de mon enfance,
J'entendais gazouiller d'harmonieux oiseaux,
Mille amours frais et purs ainsi que l'innocence
  D'enfants jaseurs dans leurs berceaux...

VIII.

Mon cœur, mobile abri de leurs ébats mobiles,
N'avait gardé d'échos que pour ces babillards,
Pour ces pandours charmants, ces pétulants soudards,
A la fuite, au retour également habiles,
S'envolant en filous, revenant en pillards,
  Toujours sûrs de leurs droits d'asiles !

IX.

Ces hôtes de mon cœur, aux fleurs de mon printemps,
Aux fruits de mon été gaillardement fidèles,
Aujourd'hui je les vois s'enfuir à tire-d'ailes !
Et de tous ces amis, chéris quoiqu'inconstants,
Ce qu'il en reste va, sans peur de mes querelles,
  Les rejoindre tambours battants...

X.

O mes illusions ! quoi ! si vite étouffées ?
Si vite évanouis, décolorés, éteints
Mes bonheurs, mes espoirs, mes rêves enfantins ?
Prismatiques palais aux mille échos orphées,
Des couleurs de l'iris et de l'aurore teints,
  Opulents caprices des fées...

XI.

L'âge mûr a soufflé sur ces châteaux marbrés
De mes amours défunts lugubres nécropoles :
Adieu la nacre et l'or de leurs frêles coupoles,
Leurs escaliers d'onyx et de rubis zébrés,
Leurs jets d'eaux, au soleil splendides girandoles,
  S'échappant de bassins ambrés !

XII.

Adieu mon Alhambra ciselé par les Mores,
Aux fresques de dentelle, aux plafonds de corail,
De parfums, de houris voluptueux bercail ;

Adieu mon nid moussu peuplé de cycomores,
Plus gai, plus garrulant que l'éden du sérail,
   D'oiseaux chatoyants et sonores !

XIII.

Adieu mes chastetés tant suaves d'enfant,
Et mes roses pudeurs à jamais disparues !
Frais trésors qu'ont rongés trois chancreuses verrues :
L'analyse, l'orgie et le doute étouffant...
A vingt ans, l'homme fait court aujourd'hui les rues
   Crystallisé, mais triomphant;

XIV.

Triomphant de prouver, *analyseur* impie !
Que le ciel, Sahara sans voix et sans écho,
N'offre aucune oasis fraîche d'ombrage et d'eau ;
Que, saints, anges et Dieu, tout est pure utopie ;
Que Dieu c'est la matière, et que par le tombeau
   Tout se rémunère et s'expie !

XV.

Triomphant d'insulter la blanche chasteté ;
D'opposer une sèche et sauvage ironie,
Un squelette moqueur qui ricane et qui nie,
A la sainte pudeur, à la virginité,
De disséquer, raillant sa divine agonie,
   La céleste idéalité !...

XVI.

Triomphant d'avoir su, l'aride philosophe !
De toute leur humaine et divine liqueur
Vider, jusques au fond, et son âme et son cœur ;
Du poème vital d'avoir châtré la strophe,
Et des tentes du ciel, Encelade vainqueur,
  Lacéré la splendide étoffe !

XVII.

Or, dans mes ans fleuris et verts, tant que l'amour
Me fit boire le ciel sur des lèvres charmantes,
Que, comme des soleils, les yeux de mes amantes
Dans mon cœur de Memnon firent chanter le jour,
Que m'importe le punch aux laves écumantes ?
  L'orgie au regard terne et lourd ?

XVIII.

Que m'importaient tes lois, analyse aux yeux fauves !
Et les dissections de ton savant scalpel ?
Au cahos, au néant ton sacrilège appel,
O doute ! noir vautour dont les tempes sont chauves,
Meurtrier qui poursuis, Caïn d'un autre Abel,
  La nature en ses mille alcôves ?

XIX.

J'aimais, j'étais aimé, je vivais, j'avais foi
Dans un siècle éternel de féeriques années ;
Dans ma muse pimpante et dans ses destinées ;

Dans la nature, en Dieu, dans les hommes, en moi ;
Dans l'amour que m'offraient mes belles dulcinées !...
    Mais hélas ! ô sinistre loi !

XX.

O rigueur acharnée aux hommes comme aux choses !
Tout (hormis la nature, impérissable nef),
Toute création isolée est un fief
Fouillé, pétri, mordu par cent métamorphoses !...
Donc, le poivre et le sel se disputant mon chef
    Labouré de rides moroses,

XXI.

Je me vis bafoué, vilipendé, trahi
Par l'amour, l'amitié, par l'homme et par la femme !
Les regrets, les soucis ulcérèrent mon âme.
Alors, ô blanc fantôme ! autrefois tant haï,
De toi je me souvins... et — comme un cerf qui brame
    En rut et de soif envahi,

XXII.

Court forcené, cherchant et sa biche et la source,
— De ta possession misanthrope altéré,
Ardent à ta recherche, ô reine au front nacré !
Je pris en furieux ma vagabonde course...
Pour moi tu n'étais plus un vampire exécré,
    Mais une divine ressource,

XXIII.

Mais une étoile, un phare, un Elme, vers le port
Guidant de sa lueur providentielle et grave
Le marin naufragé crispé sur une épave;
Une fraîche oasis où, quand le soleil mord
Le nomade Bédouin de ses baisers de lave,
      Narguant le désert, il s'endort!

XXIV.

Tu n'étais plus pour moi la fille d'Arimane,
Dont l'amour dévorant étreignait l'univers;
Tes yeux n'avaient plus rien d'altier ni de pervers;
Ciel pur de l'indigent d'où lui tombait la manne,
Il brillait des regards chastes, moëlleux et clairs,
      Non de Vénus, mais de Diane.

XXV.

Et de toute la haine et de tout le dégoût
Que j'avais eus pour toi, je t'aimais, flamme étrange!
Je t'aimais de l'amour d'un damné pour un ange.
Dans ton ombre entrevue — ainsi que fait l'Indou
Dans les lustrales eaux du vénérable Gange,
      — Je me plongeai, sublime fou...

XXVI.

Dans les spasmes nerveux d'une mystique extase
Oh! que de fois j'ai cru retrouver sur tes seins
De mes rêves enfuis les gracieux essaims;

Mes palais de Morgane écroulés sur leur base,
Mes chérubins joufflus, mes sveltes séraphins
  Bercés sur leurs ailes de gaze !

XXVII.

Je t'aimais... pour ne point haïr tout... pour sauver
Un autel en mon cœur à l'amour que viole
La débauche, à l'espoir que le doute étiole,
A ma foi que tu peux toi seule relever ;
Pour ne pas voir de Dieu s'éclipser l'auréole,
  Pour rester poète, et rêver...

XXVIII.

Rêver à ce poëme éternel : la Synthèse
Immense, universelle, insondable, que Dieu
Cache dans un triangle éblouissant de feu.
A la création si fraîche, à sa genèse,
Dont il est seul l'alpha, l'oméga, le milieu,
  Le juge, l'auteur et la thèse !

XXIX.

Rêver à ce séjour où se diront enfin,
Du poëme de Dieu les strophes infinies,
Fulgurantes splendeurs, tonnantes harmonies
Qui feraient éclater les os du crâne humain,
Concerts mélodieux aux célestes génies,
  Aux élus de l'amour divin !

XXX.

Mais jusqu'ici je n'eus, ô ma pâle maîtresse !
Déité de mon cœur à qui ton cœur est sourd !
Que l'ombre de toi-même et de ton chaste amour...
O source de bonheur, de repos, de tendresse !
Doux Léthé de nos maux dont le poids est si lourd,
    Némésis alme et vengeresse !

XXXI.

Toi dont un seul baiser nous console du sort,
Toi dont une caresse emporte à Dieu notre âme,
Ange, péri, willis ! quand ton baiser de flamme
Viendra-t-il de ma fange extraire un filon d'or ?
Accours, pour me sauver de l'analyse infâme,
    Du doute et de l'orgie, ô Mort !...

Valenciennes, août 1849.

LA CHANSON DU PAYSAN.

O fortunatos nimiùm sua si bona nôrint
Agricolas. . . . .
                    Virg.

LA CHANSON DU PAYSAN.

Vils serfs attachés à la glèbe
Par des nobles durs et maudits,
Bétail flétri du nom de plèbe,
Les campagnards rampaient jadis.
Au nom du roi, de Dieu, du diable,
On les tondait vifs jusqu'au sang...
Brute taillable et corvéable,
Tel était l'ancien paysan.

En vertu d'un parchemin jaune
Les uns le battaient, le pillaient,
Et de lui pour ou contre un trône,
Jusqu'au cadavre s'outillaient...
Chasteté de fille ou de femme
Ils l'abattaient comme un faisan...
D'eux ou de lui, pourtant l'infâme
Etait... qui donc? le paysan!

Les autres, pourvoyeurs superbes
D'un pape, concierge du ciel,
Lui volaient ses plus grosses gerbes,
Ses plus beaux fruits, son plus doux miel.
Puis, afin d'hériter du reste,
Ils le lançaient sur le croissant :
Des circoncis ou de la peste
Mourait occis le paysan.

Dix siècles durant, la sequelle
Des rois, des nobles, des bedeaux
Lui raffle argent, femme, pucelle,
En vertu des droits féodaux ;
Dix siècles durant, on l'abaisse
Au-dessous de l'orang-outan,
Mais enfin l'ignorance cesse
Et l'opprobre du paysan.

Quatre-vingt-neuf sonne, nos pères,
Campagnards, ouvriers, bourgeois,
S'inaugurent des jours prospères
Du peuple en exhumant les droits ;
Puis, nobles, rois, quatre-vingt-treize
Dévore tout comme un volcan,
Mais du creuset de sa fournaise
Sort épuré le paysan.

Lui que naguère l'ignorance
Rendait méprisable et grossier,
Est l'espoir, l'honneur de la France,
Son défenseur, son nourricier...
S'il sue encor, courbant la tête,
A labourer, herser un champ,
Ce champ, légitime conquête,
Il en est roi, lui paysan !

Citoyen libre, époux et père,
S'il sait repousser aujourd'hui
De l'usurier l'or délétère,
Quel bonheur va briller sur lui !
La propriété rend bien douce
Au corps d'un long travail pesant
D'un lit ou la paille ou la mousse !
Et c'est le lit du paysan.

Lion, marche donc dans ta force,
Mais redoute le traquenard
Où t'offre une brillante amorce
L'usurier, perfide renard...
Tu prodigues en patriote
Au pays tes sueurs, ton sang...
Il le vendrait, l'Iscariote !
Honte à lui ! Gloire au paysan !

COMPLAINTE.

Cur non est plenus vitæ conviva recedis !

Faictes place aux aultres, comme d'aultres vous l'ont faicte............ l'utilité de vivre n'est pas en l'espace ; elle est en l'usage : tel a vescu longtemps a peu vescu.

Montaigne.

COMPLAINTE

sur la mort subite du célèbre PAPILLOTTE, chiffonnier, marchand d'images et philosophe.

> Chaque homme est une humanité, une histoire universelle . . . . et pourtant cet être en qui tenait une généralité infinie c'était en même temps un individu spécial, une personne, un être unique, irréparable que rien ne remplacera : rien de tel avant, rien de tel après; Dieu ne recommencera point; il en viendra d'autres, sans doute; le monde qui ne se lasse pas amènera à la vie d'autres personnes, meilleures peut-être, mais semblables, jamais, jamais ! . . . .
> MICHELET.

I.

Une insigne catastrophe
Vient d'attrister l'hôpital,
Un coup subit et fatal,
D'abattre un grand philosophe.
Sans dire à personne adieu,
Il est mort à l'Hôtel-Dieu !

II.

Pour tout bien ayant sa hotte,
Des savates, un bâton,
Il parcourait le canton
Et se nommait Papillotte ;
Spéculant sur le chiffon,
Il était brave homme au fond.

III.

Aux enfants pieux et sages,
Aucunement loup-garou,
Il donnait, pour moins d'un sou,
De magnifiques images :
Cavaliers et fantassins,
Dieu le père, anges et saints.

IV.

Semblable au juste d'Horace,
Il ne s'effrayait de rien,
De plus il était chrétien,
Bien que s'avouant vorace
A dévorer bœufs et veaux
Du Mardi-Gras aux Rameaux.

V.

L'eau-de-vie et le genièvre
Quand il s'en allait cahin-
Caha, le long du chemin,

Semblaient lui donner la fièvre ;
De là vient que les moutards
L'aboyaient de toutes parts.

VI.

Quoiqu'il eût un air farouche,
Il était benoît et doux ;
Jamais à ces jeunes fous
Il ne fit rien qu'un œil louche,
Portant ses regards fanés
Juste au bout de son long nez.

VII.

Sur sa face maigre et hâve
Pointait un nez aquilin
Qui donnait un air romain
A ce Juif-errant, ex-brave
Qui manœuvrait le canon
Sous le grand Napoléon.

VIII.

Ce moderne Diogène
N'avait pas même un tonneau,
Et, quand il tombait de l'eau,
Il allait coucher sans gêne
Dans un trèfle ou dans un blé,
Sans avoir l'esprit troublé.

IX.

Si son échine était maigre,
C'est qu'aucun lucre illégal
Ne lui bourrait le fanal ;
Car ce citoyen intègre
D'aucun frauduleux tabac
Jamais ne chargeait son sac.

X.

Il n'avait pas l'air auguste
D'un chantre ou bien d'un bedeau ;
Il hébergeait sous sa peau
L'âme candide d'un juste,
N'étant ivrogne et gourmand
Qu'en qualité de Flamand...

XI.

De Valencienne à Solesme,
Et de Solesme au Quesnoy,
La populace en émoi
Est pâle comme un Carême ;
Car d'un héron morne et sec
Il eût fait rire le bec !

XII.

Adieu donc, Croquemitaine
Des braillards au mamelon ;
Adieu ton vieux pantalon

Et ta hotte toujours pleine
D'épaves dont on fait fi,
Mais dont tu tirais profit.

XIII.

Adieu porteur respectable
D'un séculaire gibus,
Sordide et crasseux *rebus*
D'une mode inimitable;
Nos pleurs coulent superflus,
On ne te reverra plus!...

XIV.

Tu n'iras plus des misères
Qui, t'assiégeant ici-bas,
Te faisaient marcher, sans bas,
Par les trous et les ornières,
Te consoler, ô pauvret,
Au Léthé du cabaret.

XV.

Tu n'iras plus, raide et jaune,
Puisqu'enfin te voilà mort,
T'infiltrer, sans nul effort,
De genièvre, aune sur aune,
Chez Cordier, ni Carion...
Dieu! quel satané guignon!

XVI.

Que vers Dieu monte ton âme
Plus nette, arrivant là-haut,
Que tu ne laisses ta peau ;
Et que le chrétien réclame
Pour elle un *De profundis*
Qui la mène au Paradis.

A M. NICAISE,

grand maître des cérémonies des Incas, partant pour sa nouvelle résidence.

A l'appel du plaisir que tu lui préparais
Tu sus faire accourir la douce bienfaisance;
Nous t'offrons ce festin au nom de l'indigence
Que ton départ, hélas! plonge dans les regrets.
Adieu, Nicaise! adieu, l'orgueil de nous, tes frères,
De nous qui dans ta route avons suivi tes pas;
Sois heureux sous le ciel qu'au nôtre tu préfères,
Mais souviens-toi de ceux qui ne t'oublieront pas!...

LE POÈTE ET LE CHOLÉRA.

> Je souhaite ardemment un modeste service de neuf heures, afin que la piété de mes amis et connaissances puisse accompagner ma dépouille mortelle au cimetière ; je souhaite aussi qu'une modeste croix de bois témoigne aux fidèles que c'est un chrétien qui repose à l'endroit où se lira mon nom. . . . . .
> J'espère mourir en paix avec Dieu ; puisse la société dire que je meurs en paix avec elle !
> *Extrait du testament de Désiré* TURCOT.
> 10 avril 1850.

LE POÈTE ET LE CHOLÉRA.

A M. RECQ.

Je viens d'apprendre, Monsieur Recq,
Que, sur l'inexacte nouvelle
De ma chûte sempiternelle,
Votre œil n'était pas resté sec ;
Souffrez que je vous remercie
De votre mouvement chrétien
En faveur d'un besacien,
D'un songe creux, d'un propre à rien,
Dont la trogne est bien amincie,

Et que Lucifer comptait bien
Echauder dans sa pharmacie.

A jamais il me souviendra
De ce jour où le Choléra
S'en vint sonner dans mes entrailles
Le toccin de mes funérailles ;
Où ma peau, d'un pâle nankin,
Se revêtit d'un bleu-turquin ;
Où mille crampes discourtoises,
Comme un fil de laiton qu'on tord,
Où ma gorge, brûlant cratère,
Voulait boire et reboire encor,
Et vomissait avec effort
Les drogues de l'apothicaire ;
Où, victime du noir typhus,
Mes reins, mes poumons et ma rate,
Sous le nez de mon Hypocrate,
Hélas ! agonisaient perclus,
Agissant peu, n'agissant plus !

Entre hoquets, pourtant, ma langue,
Fit sa mortuaire harangue ;
Car je ne voulais nullement
Trépasser sans un testament :

« Dans l'agonie où je me pâme,
« A Dieu, son auteur, soit mon âme,

« Mais, noire des péchés qu'elle a,
« J'ignore, hélas ! s'il en voudra !...
« Tant haut que je puis, je déclare
« Que nul, d'ici jusqu'au Pérou,
« Qu'il soit Kamtschatdale ou Tartare,
« Ne me doit simplement un sou...
« Mais en revanche, ô triple buse,
« Pour m'alimenter et ma muse,
« A qui Satan torde le cou !
« Je confesse devoir beaucoup.
« Gueux comme Job, pourtant je lègue,
« Moi qui ne possède ici-bas
« Qu'à la façon de Carabas,

« Le dirai-je sans que je bègue ?...
« Je ME lègue à mon ami B***,
« A la condition expresse
« (Dont il m'a juré la promesse,
« Et j'espère qu'il la tiendra)
« Que congrûment il ouvrira,
« Exactement dépécera
« Mes chaires mortes, afin d'en faire
« Un philtre, éternel somnifère
« Pour les animaux scélérats :
« Mites, souris, punaises, rats ;
« Et que de mes os la charpente,
« Par lui dénudés et bouillis,
« Classés, lavés, râclés, polis,

« Formera consolante attente !
« Un squelette, aussi blanc que net,
« Propre à mettre en un cabinet ;
« Beau sujet d'ostéologie,
« Voire de physiologie
« Pour ces imberbes chérubins,
« Appelés *vulgò* carabins
« Dans la moderne chirurgie !
« Qu'un seul me doive la victoire
« Dans un difficile examen,
« J'aurai rendu service : Amen !
« Mes os en craqueront de gloire !
« Par ce procédé peu commun,
« Frais de linceul et frais de bière,
« Frais du corbillard funéraire,
« De requiem, de luminaire
« Et d'eau-bénite, le défunt
« Esquive tout, et, fin compère,
« Sous pied coupe l'herbe à plus d'un.
« Plus sage mort que dans ma vie,
« J'aurai fait *une* économie,
« Moi qui jamais, de mon vivant,
« Dans ma bourse n'eus que du vent...

« Dans mon gilet, si mort m'agrafe,
« On trouvera mon épitaphe ;
« Qu'on l'appende, c'est tout mon vœu,
« A l'endroit qu'on nomme le nœud,

« Ou l'os hyoïde, il n'importe...
« O saint Pierre ! ouvre-moi ta porte !
« De l'air !... J'étouffe !... Amis, adieu !...
« Je vais au pays du bon Dieu !...

ENVOI.

Revenu, grâce à Dieu ! de cette chaude alerte,
Je ne suis pas fâché de survivre à ma perte,
Car je sais que, du moins, un cœur s'est souvenu
Que j'étais de ce monde absurde et biscornu,
Et qu'une larme à l'homme expiré qu'on enterre
Est le plus doux nectar dont il se désaltère.
Sur le seuil du trépas, que je faillis franchir,
O de combien d'erreurs je me sus affranchir !
Peut-être que, plus tard, de cette heure suprême
Je dirai les secrets dont je suis encore blême,
Et porterai la torche implacable en mes mains,
Sur le masque imposteur des sentiments humains...
Jusque-là, buvons frais de vin vieux une pinte,
Pour rajuster un peu mon cerveau creux qui tinte !

Hôtel-Dieu de Valenciennes, 21 janvier 1849.

DÉCLIN.

> Dov'è mia gioventù?
> Dovè i beati anni d'amor?
> Silvio Pellico.
> *Poésies inédites.*
>
> Rends-moi donc ces désirs qui fatiguaient ma vie,
> Ces chagrins déchirants, mais qu'à présent j'envie,
> Ma jeunesse !..........
> Goethe, *Faust.*

DÉCLIN.

A M. CLESSE, de Mons.

<blockquote>
O Jupiter! tu fis, en nous créant',
Une froide plaisanterie.
Volt.
</blockquote>

Vieux pénitent, je vous adresse
Mes tant doux péchés de jeunesse ;
J'en connais toute la noirceur,
Mais, de retour à mon aurore,
Que ne puis-je, pauvre pêcheur !
En risquer de pareils encore ?
Je les risquerais de grand cœur.
Pourquoi faut-il que l'hiver glace

Ma piêtre imagination,
Et que mon âme, triste et lasse
D'un vieux corps qui tombe en haillon,
Ait perdu ses ailes de gaze
Qui, dans l'audace de leur vol,
Dédaignant notre ignoble sol,
Au ciel allaient ravir l'extase?...

Adieu donc, à jamais adieu
Chaste et suave poésie !
Adieu doux vase d'ambroisie
Qui me transfigurait en dieu !
Adieu les folles échappées
De ma pétulante saison,
Adieu mes jeunes équipées !
Je suis asthmatique et grison...

Si vous m'égariez, chœur perfide,
Essaim des grâces, des amours !
C'était dans les jardins d'Armide,
Labyrinthe aux charmants détours ;
C'était en des grottes propices
Aux voluptueux sacrifices
Qui veulent les nuits, non les jours ;
C'était dans des sentiers de roses,
En des boulingrins de velours...
Mais aujourd'hui les ans moroses,
La raison aux grognements d'ours,

Goutte, catharres et névroses,
Hélas! m'exilent pour toujours,
Cerbères féroces et sourds,
De cet Eden aux portes closes.

Votre souvenir plein d'attraits,
O lacs d'azur, antres discrets,
Parcs peuplés d'amoureux secrets,
A toujours mon enthousiasme...
Mais, hélas! où sont mes jarrets
Pour parcourir vos bois si frais?
Peut-on bouger quand on a l'asthme?
On n'est bon que pour les regrets...

O jeunesse! ô de Prométhée
Symbole à jamais glorieux!
Que le vieil Homère a chantée,
Et par les vers harmonieux
Du bon Hésiode exaltée!
Que ta fuite est rapide, hélas!
Et que ton absence est amère!
Sans toi l'homme bientôt est las
De son existence éphémère?
Sans toi l'homme, amant du trépas,
(Spectre qu'il abhorrait naguère),
Au néant trouve des appas...

O rose toujours printanière!
O du monde éternelle mère!

Vénus qui ne peut pas vieillir,
Quand tu cesses de me fleurir,
Je dis à la vieillesse : « Arrière !
« Sans ton aide je veux mourir... »

A MON AMI A. JÉRONNEZ.

Albus ut obscuro deterget nubila cœlo
Sœpè Notus, neque parturit imbres
Perpetuo, sic tu sapiens finire memento
Tristitiam, vitæque labores
Molli, Plance, mero . . . .
. . . .
        Hor., ode vii.

A MON AMI A. JÉRONNEZ.

—

> Quid Tiridatem terreat?
> Hor., ode XXIII.

Cher Jéronnez, pourquoi sur ta figure
Cet air dolent qui, certes, n'est pas beau?
Aucun poil blanc n'a, sur ta chevelure,
De la vieillesse arboré le drapeau ;
Tes crins sont noirs à ravir un corbeau.
De tes jarrets la force est souple et ferme,
Ta lisse peau d'une rose a le teint,
Aucun sillon n'a de ton épiderme
Bariolé le jeune et frais satin.
Ta poitrine est large, forte, sonore ;

Ton cœur est chaud comme un cœur de vingt ans,
Et sur tes pas tu vois fleurir encore
Toutes les fleurs de la vie au printemps.
Pour toi la vie encore a des caresses
Dont aucun fiel ne corrompt la douceur,
L'amour encor d'ineffables ivresses,
Et l'amitié toujours t'est bonne sœur.
Pourquoi donc être aujourd'hui si morose,
Toi qu'autrefois je connus si joyeux,
Toi qui voyais naguère toute chose
Aurore, vert, nacre et couleur de rose,
Toi le plus fou des plus insoucieux ?

Ça, craindrais-tu, robuste poitrinaire,
L'invasion d'un mal imaginaire ?
Toi vigoureux, carré, monumental,
Toi résumant, s'il fallait rire et boire,
Dans un festin, Héraclite et Grégoire ?...
J'en rirais trop... cela me ferait mal.
Cela serait drolatique et bouffon,
Bien que funèbre et lacrymable au fond,
Car il faudrait, pour extirper la bosse
De ces pensers de phthisie et de fosse,
Abandonner aux adeptes de Gall,
Mon pauvre ami ! ton coffre cérébral !...

De cette peur que ton front se déplisse,
A l'existence, au plaisir reprends goût,

Des noirs soucis ne te rends pas complice ;
Le plus heureux souvent c'est le plus fou !
Sur cette vie il importe qu'on glisse
Sans appuyer, de crainte qu'un beau jour,
Comme une glace, elle n'ensevelisse,
En se brisant, le patineur trop lourd !...

Cher Jéronnez ! pourquoi sur ta figure
Cet air dolent qui, certes, n'est pas beau ?
Aucun poil blanc n'a sur ta chevelure
De la vieillesse arboré le drapeau,
Tes crins sont noirs à ravir un corbeau.

EHEU! FUGACES.

EHEU! FUGACES.

Lib. II, ode XIII. HORAT.

———

Hélas ! Posthume, hélas ! les ans s'écoulent vîte,
Et, malgré nos vertus, sur nous se précipite
Déjà vieux et ridés, le menaçant essor
      De l'indomptable mort !

Par le sang répandu d'une triple hécatombe
Offerte, chaque jour, au tyran de la tombe,
Tu ne fléchiras point l'inflexibilité
      De ce dieu redouté ;

De Pluton qui retient aux antres du Tartare
Le triple Geryon, Titye, autre barbare,
Enchaînés dans les nœuds du fleuve au morne glas !
    Que nous devons, hélas!

Nourrissons suspendus aux mamelles humaines,
Traverser tous, au jour, soit que coule en nos veines
Le noble sang des rois ou le sang roturier
    D'un pauvre métayer.

En vain fuirons-nous Mars, meurtrier frénétique,
En vain tes flots fougueux, ô rauque Adriatique !
Le vent d'automne en vain, exhalant son trépas,
    Ne nous touchera pas :

Il le faut, nous verrons le Cocyte funèbre,
La race de Bélus, par ses crimes célèbre,
Et Sisyphe écrasé sous le labeur sans fin
    Du châtiment divin !

Il te faudra, Posthume, arraché de la terre,
Abandonner le parc, le toit héréditaire,
Et, regrets superflus, l'âme de ce séjour,
    L'épouse, ton amour...

Sans que, sur l'âpre sol des infernales rives,
De ces arbres chéris que, soigneux, tu cultives,
Hormis les noirs cyprès, un seul aille ombrager
  Son maître passager !

Ces vins que sous cent clés tu serrais dans ta cave,
Ton neveu, moins que toi de l'avarice esclave,
S'en va les prodiguer, et teindre ses lambris
  De leur nectar sans prix...

SONNET

A M. J. LÉONARD, sur son portrait exposé au salon de peinture
de Valenciennes, en 1849.

Rapins sans nom, résidants, voyageurs,
Vont pullulant dans notre bonne ville ;
Restaurateurs, brosseurs, badigeonneurs
Dont le ton rogue et pédant désopile.

Nommés se sont aumoniers aujourd'hui,
Ces foutriquets ! de blâme et de louange ;
Deux parts en font pures de tout mélange :
Pour eux l'encens, le blâme pour autrui.

Or, Léonard, quand d'un dédain burlesque
Tu vois ces nains honorer ton tableau
Au dessin pur, chaste et raphaélesque,

Ris comme moi de ce jury grotesque,
Apte à la brosse, inhabile au ciseau,
Qui méconnaît ton œuvre pittoresque.

LE RANZ DES VACHES.

LE RANZ DES VACHES.

> Mon pays sera mes amours,
> Toujours!
> CHATEAUBRIAND.

UN PÊCHEUR.

Dans l'eau du lac tranquille et pur
Du ciel resplendissant l'azur;
Sur son bord tapissé de mousse,
Un frais enfant au front vermeil
Dormait, lorsque de son sommeil
Vint le tirer une voix douce
Comme une flûte ou bien l'écho
Des chants des anges au Très-Haut.

Comme il écoutait dans l'extase,
Jusqu'à son sein l'onde montait
Et la voix sirène chantait
Ce chant qui de l'eau s'extravase :
« Sois à moi, jeune et bel amour !
« C'est moi qui t'éveille et t'entraîne,
« Moi, de ce lac, la souveraine,
« Dans mon diaphane séjour ! »

UN BERGER.

Adieu pâtis de la montagne,
Pâtis dorés par le soleil,
L'été voile son front vermeil,
Les troupeaux quittent la campagne...
Mais sur les verdoyants coteaux
Nous ramènerons les troupeaux
Aux premiers cris de la cigale,
Lorsque refleuriront les champs,
Lorsque mai, calmant la raffale,
Aux oiseaux rendra leurs gais chants,
Son cours à l'onde glaciale
Qu'amollira le doux printemps.

Adieu pâtis de la montagne,
Pâtis dorés par le soleil ;
Les troupeaux quittent la campagne,
L'été voile son front vermeil.

UN CHASSEUR.

Sur les hauts monts gronde la foudre,
Le sentier de roc tombe en poudre,
Le chasseur ne s'en émeut pas ;
Par des champs d'éternelle glace,
Où l'hiver sur l'hiver s'entasse,
Hardiment il porte ses pas.
Sur le front de ces pics superbes,
Jamais ne verdirent les herbes,
Les fleurs ne percèrent jamais.
De brouillards, une mer épaisse
Sous lui s'étend, et, s'il abaisse
A ses pieds son regard... châlets,
Temples, dômes, tours et palais,
Gisent inhumés dans la brume,
Sombre linceul de l'univers ;
Il n'aperçoit les vallons verts
Que, quand par l'éclair qui s'allume,
Les nuages sont entr'ouverts.

Schiller, *Guillaume Tell*, acte 1er, sc. 1re.

A M. GACHET.

———

A l'hôpital où la toux me houspille,
Où l'opium m'affadit âme et corps,
Le front timbré de la jaune estampille
Que la camuse, hélas ! imprime aux morts ;

Libre de crainte et libre de remords,
Je vois s'ouvrir, sans que mon front sourcille,
Le noir néant dont j'habite les bords,
A l'hôpital où la toux me houspille.

Comme un coursier qui de partir pétille,
A belles dents mon esprit prend son mors,
Impatient de la morne bastille
Où l'opium m'affadit âme et corps !

Inaccessible aux chasses des recors,
Je leur échappe, alerte et fine anguille ;
Ils n'ont de moi, pour eux quels déconforts !
Qu'un front timbré d'une jaune estampille...

Un seul regret, ver rongeur, me mordille :
Ne pas vous voir alors que je m'endors
Dans le bienfait tardif de l'apostille
Que la camarde imprime, hélas ! aux morts !

Pour le trépas avant que l'on m'habille
D'un blanc sapin, mon dernier justaucorps,
Si besoin n'est pour vous d'une béquille,
Venez avant que je n'en sois dehors !
   A l'hôpital !

Hôtel-Dieu, 29 novembre 1849.

L'AUTOMNE D'UN MALADE.

L'AUTOMNE D'UN MALADE.

Étrennes à M. R. DIDIEZ.

―――

> L'ombre des bois, le bruit de la source qui tombe goutte à goutte, le chant de l'oiseau dans le buisson, les bourdonnements de l'insecte, l'éclat, le parfum des fleurs, l'ondoiement de l'herbe que la brise agite, toutes ces choses et surtout l'intarissable exhalaison de vie, de cette vie que Dieu verse à torrents au sein de son œuvre perpétuellement jeune..... raniment l'âme flétrie, l'abreuvent d'une sève nouvelle, lui rendent sa vigueur qui s'éteignait.
> F. Lamennais, *Aff. de Rome*, t. 1.

Naguère me disait une épître charmante :
  « L'automne encore a de beaux jours ;
« S'il reste un peu de verve au poète, qu'il chante
  « Ce crépuscule des amours.

« Dieu n'a pas dépouillé de leurs flammes fécondes
« Les soleils de cette saison ;
« Leurs aubes de rubis, ni de vermeilles ondes,
« Leur occidental horizon ;

« La fleur avec le fruit peut se cueillir encore
« Quand rit aux yeux le raisin mûr,
« D'un éclat plus brillant la feuille se décore,
« Le ciel est d'un plus doux azur ;

« L'air n'est plus embrâsé comme en une fournaise,
« Mais tiède et frais comme au printemps ;
« Dieu ne commande pas que tout oiseau se taise,
« Ni que hurlent tous les autans,

« Au contraire, des vents l'harmonieuse haleine
« Semble un soupir d'heureux amant,
« Et la voix des oiseaux, plus grave et plus sereine,
« Porte à plus d'attendrissement ;

« Le feuillage murmure un chant mélancolique
« Comme un verset mystérieux
« Psalmodié, le soir, dans une basilique,
« Par un chœur de prêtres pieux !

« Chante donc, ô poète ! et que tes harmonies
    « Jusqu'aux cieux élèvent leur vol
« Comme les mille voix pieuses et bénies
    « Des oiseaux dédaigneux du sol !

« D'un hiver loin encor le souci t'inquiète,
    « Homme d'une débile foi ;
« Vois-tu le rossignol, le pinson, la fauvette
    « S'en inquiéter comme toi ?

« Non ; dans leur créateur tous ils ont confiance
    « Plus que toi que le doute abat,
« Plus que toi que le ciel, en sa magnificence,
    « Fit du monde le potentat !

« A quoi donc te sert-elle ! ingrate créature !
    « La raison que du ciel tu tiens ?
« Est-ce à douter de Dieu, père de la nature,
    « Source éternelle de tous biens ;

« Chante donc, ô poète ! et du présent rends grâce
    « A l'arbitre qui te le fait
« De lumière et d'azur ou de brume et de glace,
    « Impénétrable en son bienfait !

« Quant au jour de demain, mortel des plus superbes !
« C'est pour toi l'énigme du sphinx,
« L'incandescent buisson aux fulgurantes gerbes
« Qui brûlerait des yeux de lynx...

« Demain n'est à personne ; il est à Dieu ! Les hommes
« A peine tiennent aujourd'hui !...
« Et nous avons perdu, peu soigneux que nous sommes !
« Hier, follet qui s'est enfui... »

Et je voulais chanter, car pieuse est mon âme,
Plein de gratitude, mon cœur,
Du soleil automnal la paresseuse flamme,
La mélancolique splendeur ;

A l'Oratorio dont les dernières notes
Vont s'exhalant au font des bois,
Du gosier des mulots, des pinsons, des linotes,
Je voulais marier ma voix ;

Peindre la pourpre et l'or dont la feuille se drape,
Riches et chatoyants habits
Sur qui versent l'aurore et le couchant leur nappe
De topazes et de rubis !

Mais hélas ! à ma verve, à mon enthousiasme,
  Dans ce triste lieu, tout fait tort :
La toux opiniâtre et le râle de l'asthme
  De mes chants compriment l'essor !

Pour spectacle mes yeux ont les faces de marbre
  Des infirmiers au ton brutal.
Un noyer rabougri qui se meurt, le pauvre arbre !
  Comme moi, morne à l'hôpital ;

Maint pâle agonisant qu'ici-bas tout délaisse,
  Hormis l'apprêteur du linceul...
Qui meurt en appelant une absente caresse,
  Et blasphême de mourir seul !...

Horreur ! Naguère au moins, à défaut de famille
  Dont la douleur le consolât,
Le moribond voyait une pieuse fille,
  Ange penché sur son grabat,

Dont la bouche exhalait, virginale alvéole,
  De l'espérance le doux miel,
Et dont l'œil reflétait dans son œil l'auréole
  Qui ceint le repentir au ciel !

Mais, hélas ! en ce jour, un mercenaire atroce,
Satan ironique au pêcheur,
Ricane à son chevet en lui montrant sa fosse
Béante et fumant de fraîcheur !...

Comment pourrais-je donc, moi prisonnière abeille,
Distiller du nectar pour Dieu ?
Dieu de ses belles fleurs porte ailleurs la corbeille,
L'aconit seul croît en ce lieu...

Comment pourrais-je, hélas ! grillon transi que mure
Au fond d'un âtre déserté,
La bise aux sanglots pleins de mortelle froidure,
Chanter, avec sonorité,

Mon tendre chant d'automne à la musique douce
Et suave comme l'espoir ?
Aux gens de la chaumière étendus sur la mousse
Gazouiller mon joyeux bonsoir ?

Revienne ma santé, renaisse sur ma joue
Sa pêche au pourpre coloris,
Aux hymnes d'allégresse, ô mon Dieu ! je me voue
Et du mal passé je me ris...

Oui, je me voue entier, si sur mes jours tu veilles,
Seigneur! à l'exaltation
Du miracle éternel et prodigue en merveilles
Qu'étale ta création !...

Et VOUS par qui l'espoir, déserteur de mon âme,
Semble enfin vouloir revenir,
S'inoculant en elle ainsi qu'un pur dictame;
Dois-je vous aimer, vous bénir !

Si ce n'est l'oasis, c'est du moins son mirage
Qui par vous surgit frais et vert
Sur le sable embrasé, sous l'airain lourd d'orage
Du ciel de feu de mon désert.

Pour avoir conforté ma débile énergie
En qui je cessais d'avoir foi,
Pour avoir, je ne sais par quelle magie,
Tué le scepticisme en moi.

Soyez béni trois fois ! que pour vous et les vôtres
L'an qui s'ouvre ait mille bienfaits,
La muse des concerts mieux modulés par d'autres
Sur de plus gracieux sujets !...

Sur le grabat trop mince où je compte les heures
　　Qui me séparent du tombeau,
Si j'avais moins souffert, vous eussiez eu meilleures
　　Ces rimes au funèbre écho !...

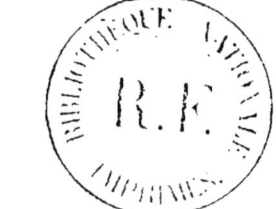

Hôtel-Dieu, 14-15 janvier 1850.

FIN.

TABLE.

Notice..................................Page 7
Préface............................... 15
Prologue............................. 21

POÉSIES.

Les Épingles de luxe et la Tringle de fer.......... 35
Départ.. 39
A Melle Claire B**........................... 43
A Mme de Félix Delamothe..................... 47
Ainée et Cadette.................................. 53
Sur un Album...................................... 55
Le Tintoret....................................... 59

Je me souviens.............................	65
L'Ombrelle illusoire........................	71
Paradoxe...................................	79
Plus qu'un Roi..............................	83
Un Conte des Mille et une Nuits réalisé..........	87
Pourquoi...................................	93
Un Choix diabolique.........................	99
Le Refrain des ouvriers du port de la Villette......	109
Nécromancie................................	115
L'Ange qu'il me faudrait......................	119
Je ne partirai point..........................	123
Compensation...............................	125
Cantate sur l'Harmonie.......................	129
La Nuit des Rois............................	137
Au Printemps...............................	143
A M. Désiré Pilette (de St-Amand).............	149
La Sœur de charité..........................	155
A mon ami Léonard..........................	159
Chant de la Frontière........................	163
Résurrection................................	167
A Mme Halley...............................	171
A la même..................................	173
L'Oraison dominicale........................	175
La Salutation angélique......................	177
Consolation pour tous........................	181
Épitaphe de mon frère Vincent Tricot...........	185
Le Rat d'égoût politique et littéraire............	189
Épigramme à Frédéric Lemaître...............	193
Sur un Album...............................	195
A la mémoire de Robert Blum.................	199
A mes Frères, aux Travailleurs................	209
Appel à la Montagne.........................	215
Épithalame.................................	223

La Chanson du Paysan........................ 235
Complainte sur Papillotte...................... 241
A M. Nicaise................................ 247
Le Poète et le Choléra........................ 251
Déclin 259
A mon ami A. Jéronnez 265
Eheu! Fugaces.............................. 271
Sonnet à M. J. Léonard 275
Le Ranz des Vaches......................... 279
A M. Gachet................................ 283
L'Automne d'un Malade..................... 287

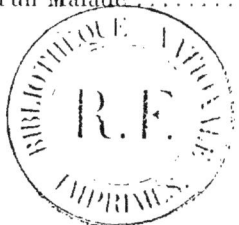